La Conquista De Estados Unidos Por México

MAURO MONTEMAYOR

PAGE PUBLISHING, INC.
Conneaut Lake, PA

Primera publicación original de Page Publishing 2019

ISBN 978-1-64334-164-4 (Versión Impresa)
ISBN 978-1-64334-165-1 (Versión electrónica)

Libro impreso en Los Estados Unidos de América

Una historia verídica
Jugando a veces con la muerte sin saberlo o
con el inconsciente moral fracaso
Buscando siempre el lado amable de la vida
al sufriendo hambre y arrestos.

A mis padres que me han guiado por telepatía, a mis hijos que
me comprenden tal como soy y especialmente a Mauro III, que vino
al mundo cuando este hijo de mi espíritu nació.

Índice

Ingenio Campesino En Una Trampa Para Atrapar Coyotes

Mapa De México Antes De La
Invasión Norteamericana En 1846

Bosquejo Y Detalle De Una Misión Californiana,

Fusión De Las Trece Colonias Con Otros
Territorios De 1803 1850 Para Formar El Actual E.U.A.

Estados Unidos De América En 1790

Introducción

Al narrar mi historia personal, hacer comentarios, observaciones, citas históricas, críticas y opiniones, no es con resentimiento ni arrogancia, simplemente es con el fin de aclarar algunas tergiversaciones de hechos, tratar de cambiar el criterio de gran parte de la ciudadanía de un País como del otro sobre el fenómeno migratorio, puesto que en esferas oficiales esto no solo es conocido, sino reconocido, valorado, aquilatado, aunque no abiertamente.

El inmigrante mexicano colonizador, transitorio, legal o ilegal en Estados Unidos de América ha sido útil, necesario hasta quizá indispensable cuando este país se ha servido de él en tiempos de paz, pero más en épocas en que sus ciudadanos han tenido que marchar a los campos de batalla.

Ese incondicional trabajador ha estado viniendo ininterrumpidamente desde antes de que este país existiera como nación libre, siendo su flujo migratorio como un termómetro que se gradúa de acuerdo con la salud económica, social o bélica no solo de un país, pero de ambos.

Todo lo acontecido en la narración del que escribe, es enteramente verdadero; muchos de mis compatriotas habrán tenido experiencias parecidas, corroborando muchos de sucesos descritos.

Según el cronista de la Conquista de México, Bernal Díaz del Castillo, los propósitos de la expedición española eran la de salvar almas, servir al reino y hacerse ricos; nosotros los inmigrantes venimos a Estados Unidos más o menos a lo mismo, pero en otro orden de cosas: salvar nuestras vidas (de escases, de privaciones), servir a la nación (con nuestro trabajo constante) y a hacer ricos a otros (rancheros, empresarios y comerciantes).

Estos apuntes fueron hechos en California donde he radicado mis últimas dos décadas, por lo que la mayor parte de lo comentado está basado en experiencias u observaciones hechas a mi alrededor, incluyendo citas sobre otras regiones del país, sobre sucesos acontecidos a mi familia o amistades tiempo atrás, llegados a mi conocimiento por transmisión cronológica familiar o consultas históricas.

Todo lo expuesto va con la sincera idea de fomentar la comprensión no solo entre los que llevamos parte de la misma sangre, sino también con individuos de otras razas. Al mismo tiempo no pretendo abrir viejas heridas sino más bien cauterizarlas, considerando que el pasado quedó atrás y lo que hicieron o dejaron de hacer los que nos precedieron allá quedó, ahora lo que nos corresponde es luchar por una verdadera armonía en forma positiva.

El autor.

Una Aventura Azarosa

En estas líneas narraré mi odisea por el sur de los Estados Unidos de América, jugando varias veces con la muerte sin saberlo como se verá adelante, o quizá con la subconsciente idea del éxito, sin ningún temor al fracaso, luego de haber pasado diferentes vicisitudes en los últimos meses.

Usando las palabras del corrido La Cárcel de Cananea y por partir de un lugar cercano a esa Ciudad, diré: Voy a hacer un por menor de lo que a mí me ha pasado, desde que entré en forma ilegal a ese país del Norte.

Al causar la licencia ilimitada del ejército mexicano donde presté mis servicios como cabo escribiente (no escritor), en 1974 fui a los campos agrícolas del Estado de Sonora, no sin antes haber tratado de encontrar empleo sin éxito, en varias ciudades del norte de México; En Sonora trabajé varios meses pizcando algodón, tomate, berenjena, pepino, chile ancho, así como en la fumigación de esas plantas; También estuve en el estado de Sinaloa haciendo lo mismo, ganando casi solo para la comida, a la vez que iba guardando con dificultad unos cuantos pesos para cualquier emergencia.

Fue en el Rancho La Fortuna, cerca de Culiacán, donde con otro compañero planeamos venirnos de "alambres" (en esa frontera no hay rio sino cerca), hacia E.U.A. en la forma que nos fuera posible. En esos; ranchos se vive una existencia muy precaria, con salarios muy bajos, durmiendo sobre tapancos de zacate encima de troncos clavados al suelo dentro de chozas del mismo material.

En abril de 1975, junto con aquel amigo nos trasladamos vía tren de carga a Benjamín Hill, Son. y de allí en autobús a la ciudad de Altar, que queda como a unos 100 kilómetros de la línea divisoria; en esa población conocimos a otro amigo que andaba solo, quien dijo conocer la ruta hasta Casa Grande, Arizona la que se encuentra como a unos 400 kilómetros directamente hacia el norte, caminando a través del hostil desierto.

Ese experimentado nuevo amigo nos instruyó en llevar comida y agua suficiente para tres días; creímos que ese hombre sabía lo que decía por lo que decidimos "ponerle cola" (dejar que nos guiase); poniendo manos al asunto, fuimos los tres a la tienda más grande del pueblo a comprar carne seca, queso, galletas, piloncillo, sardinas, limones, miel de abeja, jugos, etc.; personalmente yo sentía un poco de pena, como si estuviera delatando mis intenciones, pero el tendero acostumbrado a surtir esas especiales despensas, nos aconsejó en llevar también gorditas de harina ricas en "natas" (mantequilla natural); con un costal de manta improvisamos cada uno una mochila y nos proveímos con un galón de agua por cabeza; al oscurecer, un residente del poblado en una vieja camioneta por una módica cuota, nos transportaba como a 10 de nosotros a lo largo de unas latitudes casi sin vegetación hacia la línea fronteriza, sin imaginarnos la tan riesgosa aventura que nos esperaba en los siguientes cuatro días.

CAPÍTULO II

Caminar, Caminar Y Caminar

La línea divisoria en esa frontera era una cerca de alambre de púas con tres hebras, de las que se usan para potrero de ganado, con un letrero en español. "Pase por la puerta, no dañe la cerca, para evitar que salga el ganado"; Una puerta falsa en forma de escuadra por donde podía pasar un humano, pero no un cuadrúpedo, así que tan siquiera agacharnos pasamos de un país a otro, mejor dicho, continuamos en el desierto de Sonora que es el nombre que tiene a ambos lados de la frontera, esto estaba aconteciendo al anochecer de un frio y nublado día de abril.

Cuando apenas habíamos caminado unas tres horas en grupos separados, se soltó una tormenta que nos empapó por completo, haciéndonos pasar una helada noche en vela. Esa lluvia fue un gran tropiezo, pero a la vez fue una bendición en reservas de agua sobre nuestra ruta en los siguientes días de andar; caminar y caminar sin ver casas, caminos o personas, solo cerros pelones, llanuras de arena como el Sahara, ocasionalmente se podrían ver choyas, ocotillos, cactus o chaparral, seguidos por más llanura. De vez en cuando pasaba a lo alto una avioneta probablemente de "la Migra" (Patrulla de Inmigración), que se nos imaginaban buitres esperando que cayéramos desvanecidos por cansancio o deshidratación; es entonces cuando se aprecia el vital líquido que es el agua, por lo caliente que llega a ser ese desierto durante el día (más de 40 grados centígrados), nosotros nos sentíamos bastante afortunados al ver los depósitos que de esta, la lluvia, había dejado el día anterior en forma de charcos.

Caminamos dos días, un promedio de 12 horas diarias sin encontrar rastros de civilización alguna con excepción de dos caballos solitarios tal vez "se herreros" (sin herrar) Mustang, descendientes de los que los españoles trajeron en sus primeras expediciones; al día siguiente divisamos un ranchito a la orilla de una carretera que une Tucson con Ajo, Arizona, cerca de las casas estaban unas personas armadas con fusiles, aparentemente en plan de cacería, posiblemente eran indios Pápago, los observamos a distancia, ocultándonos rápidamente de ellos por temor nos fuesen a disparar, confundiéndonos con animales por encontrarnos en esos momentos dentro de un bosquecillo de huizaches, lo cual dificultaba la visibilidad; esperamos recostados hasta que se retiraron para proseguir, comentando entre nosotros que ahora no solo éramos "alambres" (al cruzar la alambrada fronteriza), sino también auténticos "mojados" por la empapada que habíamos recibido la primera noche.

Todas las tardes al oscurecer, seleccionábamos un lugar despejado del terreno, cosa fácil, encendíamos cuatro fogatas a nuestro alrededor para espantar algunas fieras que a veces rugían cerca de nosotros, como coyotes, gato monteses o jabalíes, también para evitar se acercasen reptiles como la serpiente de cascabel o la araña viuda negra de las cuales sus mordidas son mortales, siendo muy común su existencia por esos lugares.

C A P Í T U L O   I I I

Pápagos Amos Del Desierto

Este desierto de Sonora es tan hostil que detuvo por 200 años la colonización de California, principalmente por la escasez de agua a muchos kilómetros a la redonda. No fue hasta 1769, cuando se inició el establecimiento de misiones y pueblos por mexicanos, encabezados por comandantes y frailes españoles. Aunque Alta California con los años quedó totalmente poblada, este desierto está a la fecha casi igual que hace siglos; a la orilla de él hay algunas ciudades o pueblos en Arizona, pero en el centro del mismo solo hay un pequeño pueblo de importancia:

AJO, hasta donde llegó el explorador ibérico Coronado en compañía del Padre Eusebio Kino, defensor de los nativos; Este pueblo Ajo, fue nombrado así por los exploradores al encontrar allí un lirio silvestre con olor y sabor parecidos al guisante, el cual los residentes locales comían normalmente, a dichos habitantes los europeos los llamaron Pápagos.

Actualmente todavía habitan en la región algunos de esos originales habitantes, aunque muchos de ellos han emigrado a Phoenix, Tucson u otras ciudades lejanas. Es una raza bastante resistente a las inclemencias del ambiente, hábiles en la escaza cacería así como conocedores en el aprovechamiento de alimentos silvestres; una de las principales fuentes de proteínas proviene de la tuna de órgano o saguaro, un cactus gigantesco que llega a medir 15 metros de alto con una vida promedio de 200 años; estas personas consumen la fruta fresca o elaboran con ella una especie de mermelada para conservarla en tiempos de escasez, cuando la sed los agobia extraen agua del mismo árbol o de una biznaga gigante que crece en esa zona también.

Esta área donde crecen los saguaros es bastante regional por lo que el gobierno de E.U.A. la declaró Monumento Nacional en 1937, siendo la única zona de consideración donde crece este maravilloso árbol en la Unión Americana, aunque hay otras pequeñas porciones de ellos en Phoenix y Tucson, algunos trasplantados por el hombre.

A nosotros caminantes no nos tocó pasar por ese lugar, sino que como a unos 80 kilómetros de distancia, por el área más árida, casi sin vegetación o con pocas señales de vida animal o humana, pero la determinación de sobrevivir era suprema, aparte de la ayuda recibida del creador en forma de tormenta en nuestras primeras horas de viaje.

No hay constancia de que los primeros exploradores europeos hayan atravesado este desierto, pero si la hay de que algunos de ellos trazaron un camino hacia California Alta, aprovechando algunas fuentes de agua como el rio Colorado, que desemboca en el Golfo de California o Mar de Cortés.

Fatiga, Desolación Y Muerte

Hoy aprecio la suerte que tuvimos, al haber encontrado aquel compañero en Altar, el cual tenía experiencia en esa travesía, dándonos la pauta en abastecimiento de comida y agua, así como el de servirnos de guía, aparte de la bendita lluvia de la primera noche, que sin lo anterior tal vez hubiésemos perecido.

Al tercer día de viaje nos sentíamos bastante fatigados y rozados; en medio de un bosquecillo de huizaches (donde vimos a los indios Pápagos), había un estanque de agua como un oasis, donde nos dimos un "baño de asiento", solucionando con eso parte de nuestro problema, luego al proseguir la caminata el amigo de Sinaloa se tambaleaba, tomando un palo en forma de bastón al continuar la marcha, entonces le dije: "Pareces San Cristóbal en el desierto", el hizo una mueca como sonrisa, pero la broma al parecer le tocó su amor propio, haciéndolo caminar con más determinación.

Como digo si no hubiera sido por el conocedor guía y su majestad el agua, nuestro destino podría haber terminado fatalmente, como ocurrió un grupo de personas procedentes de El Salvador, en esa misma área, que tuvo un triste desenlace en 1981. Era un grupo de 10 o más personas, que al tratar de cruzar ese traicionero desierto, murieron de sed e insolación; según los reportes periodísticos, llegaron al grado de quitarse la vida unos a otros por quedarse con los últimos sorbos del vital líquido, otros optaron por beber sus propios orines para sucumbir inevitablemente; todo eso lo narró un sobreviviente que logro ser rescatado moribundo.

Ese fue solo uno de los peligros a que me he expuesto, pero hubo otros igual o más riesgosos en los siguientes días, todo por huir de la pobreza o la guerra, nosotros de México ellos de Centro América, ¡Descansen en Paz!; Todavía de vez en cuando, aparecen noticias en periódicos de personas que no logran atravesar esa desolada tierra con las consecuencias funestas, eso sin tomar en cuenta los que jamás son encontrados.

Como menciono al principio de estos apuntes, "Jugando con la muerte sin saberlo", lógicamente si hubiera sabido las penurias que pasaría en carne propia, nunca hubiera emprendido esa descabellada aventura y me habría quedado en Sinaloa en espera de una oportunidad mejor de empleo o haber planeado el viaje por California que era mucho más fácil como supe después.

CAPÍTULO V

Fin Del Desierto

Al atardecer del mismo día tercero al pasar por encima de un cerro, divisamos un valle verde con plantaciones de algodón cártamo y viña, a lo lejos estaban unas casas hacia donde nos dirigimos; al llegar llamamos a gritos no recibiendo respuesta alguna, nadie apareció, un poco aparte había una casa abandonada, medio destruida, penetramos en ella, hacía mucho frío al oscurecer por lo que encendimos una fogata dentro de un recipiente de metal, fácilmente nos dormimos.

Al amanecer seguimos un camino que nos condujo hasta un viñedo donde se encontraba una cuadrilla de trabajadores; al hablar con el mayordomo que acá le llaman contratista, se quedó boquiabierto al escuchar el relato de nuestra aventura, pero dijo no poder darnos trabajo, sin embargo se ofreció en llevar a uno de nosotros a la población más cercana a comprar alimentos con unos cuantos dólares que habíamos "amacizado" (ahorrado celosamente), en Sinaloa; teníamos más de 24 horas sin probar bocado por lo que ese buen hombre se compadeció de nosotros.

Tanto el contratista como los trabajadores eran mexicanos o de origen ídem; cuando terminaron su jornada, le pedimos a uno de ellos que manejaba una casa móvil, nos diera un "ride" (llevar en su vehículo) rumbo a Casa Grande, Arizona, lo que acepto no de muy buena gana arguyendo: "Si me agarra La Migra con ustedes, voy a parar a la cárcel". El amigo que conocimos en Altar, tenía allá un contratista conocido quien al encontrarlo nos dio alojamiento, pero dijo no tener trabajo para nosotros en ese momento; él se dedicaba a dirigir jornaleros en la cosecha de algodón, pero era abril, tiempo en que apenas empezaba la siembra de esa esa planta en la región o estaba apenas estaba brotando; un ayudante del contratista nos transportó en un viejo camión hacia una parcela plantada de cebollín, propiedad de un oriental; donde logramos trabajar una sola jornada, ganando unos cuantos dólares que nos servirían para nuestro siguiente paso.

En ese Rancho había un viejo villista (de los tiempos de Pancho Villa) quien era el suegro del dueño de la casa; al conversar con el viejo, que resultó ser ameno, conocedor y servicial, este nos aconsejó trasladarnos a Glendale, Arizona a trabajar en el corte de naranja, el mismo intervino para que uno de sus nietos por un pago razonable, nos transportara hacia ese lugar; esa misma noche llegamos al vergel donde el mismo muchacho nos condujo entre la oscuridad, por debajo de los árboles, a donde estaban unas cajas grandes de madera donde dormimos. A la luz del alba nos encontramos rodeados de una selva de frutales; para nosotros era como si hubiésemos llagado al Paraíso, con las hambreadas que habíamos sufrido los anteriores días, esas frutas nos parecía un manjar, todo lo que teníamos que hacer era extender el brazo para cortar la pieza más apetecible.

CAPÍTULO VI

La Huerta De Cítricos

Encontramos en aquel vergel un grupo de indocumentados, como nosotros, al vernos se acercaron mostrando gusto como quien encuentra a alguien de su familia, comentando uno de ellos: "Aquí se trabaja, se duerme, se cocina y se esconde uno de la Migra, entre los naranjales"; fue allí donde aprendí mis primeras lecciones de cocina práctica. Sopas de pastas, arroz, caldos, guisados, elaboración de tortillas de maíz o harina de trigo, conocimientos que me han servido bastante desde entonces. Una gran extensión, posiblemente eran unas 40 o 60 hectáreas de huerta de árboles cubiertos de colores blanco, amarillo o anaranjado por azahares y fruto. Con tanta fruta por doquier, era de suponerse que el propietario de todo aquello debería estar feliz, pero era lo contrario. Había sido tan buena la cosecha que la abundancia hacia pésimo el negocio; no había suficiente demanda en el mercado para el producto, por lo que éste era dejado perderse en el árbol, en vez de ofrecerlo barato, lo anterior repercutió en nosotros, aspirantes a cortadores; la primera semana de nuestro arribo logramos trabajar solo un día, la siguiente dos.

Al discutir con los compañeros la situación, les propuse un arriesgado plan:

—Vamos a abordar el tren de carga, buscaremos algo mejor más al norte, dije.

—¿Cual tren?, este está sonando, dijo uno…

—No estoy sonando, ¿Ven aquellas luces a lo lejos?

—Si, ¿y que con eso?, replicó otro.

—Por allí pasa un tren carguero, alguien me informó.

—Yo solo me muevo de aquí a lo seguro; dijo uno

—Yo también, replicaron.

—Escuchen, el mayordomo dice que no hay demanda para la fruta por lo que el granjero prefiere regalarla a diferentes sectas religiosas.

—Con razón vi a un grupo de "gabachos" en el huerto de enfrente.

—Esos son, ellos mismos la cortan y la distribuyen entre los miembros de su comunidad.

—¿Se la regalan a otros?;

—El mayordomo dice que se la venden a sus feligreses, pero a precio muy bajo.

(Por un noticiero local se supo que el Departamento de Comercio había multado a uno de esos líderes religiosos por "competencia desleal", al provocar que el precio bajara a la venta por menudeo).

—Pero si no conocemos otros sitios, hacia donde ir—pretextó uno de mis amigos.

—Cuando tu viniste al mundo… ¿Lo conocías?—cuestioné.

—No, pero mi madre guio mis primeros pasos.

—Aquí no está tu mamá entiende, tienes que valerte por ti.

Les insistí, les hice prever el futuro bajo aquellos viejos árboles, no logrando cambiarles su mente, por tal tenía que seguir el plan que estaba en mi pensamiento, pero solo.

Con el valor que dan los 33 años de edad, decidí lanzarme a la aventura confiando en la protección divina; con veintiún dólares en la bolsa, con solo lo que tenía puesto, incluyendo una gruesa chamarra que traía desde México, la cual fue definitiva protección en las congelantes noches siguientes. Una tarde al oscurecer, sin despedirme, para evitar desalientos o tristezas, empecé a retirarme de aquellos bosques de humano diseño, con dirección a unas luces que se veían a la distancia.

Después de caminar como unas tres horas tropecé con las paralelas vías del tren, seguía a la izquierda caminando sobre ellas hasta llegar a la estación en Glendale, en las periferias de la capital de

Arizona, Phoenix. Una hora más tarde al aproximarme noté que una de las locomotoras estaba encendida con varios furgones enganchados, al pasar al lado de uno de ellos encontré que estaba vacío; Era uno de esos cuadrangulares de madera y hierro, con puertas corredizas en ambos lados, inmediatamente me introduje en él, cuándo eran como las diez de la noche, a los pocos minutos el convoy empezó a moverse.

Viajando En Tren Sin Destino

El tren empezó a acelerar gradualmente, como mi corazón también. Emoción, miedo, incertidumbre, alegría, todo eso sentía al mismo tiempo, puse o traté de poner en orden mis sentimientos, auto ordenándome, optimismo y alegría deben prevalecer; ¡De viaje otra vez!, pero ahora sin tener que caminar, para reanimarme empecé a cantar en voz alta, ya que el traqueteo de los rieles apagaba mis desafinadas notas:

De esta sierra a la otra sierra
se divisa San José
recordando a mi tierra
y a mi novia que dejé.
Cuando salí de mis lares
de nadie me despedí
solo de unos tinamastes
y un gato que estaba ahí.

No hubiera estado tan contento si hubiera tenido conocimiento del peligro que corría, por lo que relataré en seguida; doce años de este mi viaje a lo desconocido, en julio de 1987, un grupo de zacatecanos abordó un furgón igual, en El Paso, Texas, en las mismas condiciones e intenciones que yo tuve; cuando el grupo trepo al carro, alguien cerró las puertas corredizas por el lado de afuera, lo cual ocasionó que horas más tarde murieran 15 de ellos asfixiados, salvándose solo uno. Fue una muerte agónica, la temperatura subió dentro del vagón a 360 grados Fahrenheit, por ser pleno verano, a la vez que se les agotó el gas vital. Uno de ellos traía uno de esos grandes clavos con que se sujetan las vías, con el cual cavaron un hueco en el piso del carro, pero eso fue insuficiente para recibir el oxígeno necesario, por lo que fueron pereciendo uno a uno; El sobreviviente que logró ser rescatado fue el que permaneció pegado a aquel agujero recibiendo un soplo de vida.

Volviendo a lo que iba, yo iba feliz cruzando las montañas de Arizona cuando había una noche plateada con luna llena, una noche demasiado plateada, había nevado; en las curvas que hacía el camino ferrero sacaba la cabeza alcanzando solo a mirar dos líneas negras sobresaliendo de un manto blanco; frio muy frio entraba el aire, hasta que estuve a punto de cerrar las puertas corredizas del vagón, pero algo en mi cerebro me decía que eso no estaba bien. Al medio día siguiente, el tren paró, era una terminal grande, bajé y empecé a caminar por unas calles poco transitadas y negocios con letreros en español, era Gallup, Nuevo México, después supe: "Flores Market, Menudo y Tamales todos los sábados y Domingos", pude leer, dirigiendo mis pasos hacia donde estaban esos letreros, saludando al Sr. Flores, el tendero.

—Buenas tardes, deseo unos tamales.

—Hola, tú no eres de aquí, nunca te he visto.

—No, vengo en el tren, voy para California.

—¿De dónde vienes?

—De Glendale, Arizona.

—Pero tú eres mojado ¿Qué no? (Verdad).

—Así es, estoy buscando la vida.

—No te preocupes, mi padre es mexicano también, vino cuando la Revolución de 1910, yo nací acá.

—Imagino que su padre no paso ilegal como yo.

—No, por esos años no existían ilegales o mojados, al contrario, eran bien recibidos como colonizadores, solo se tenía que pagar diez centavos como cuota de peaje en el puente o absolutamente nada si se pasaba la frontera por otro sitio.

—¿No los regresaba La Migra?

—Ni se conocía, al contrario, las autoridades estadounidenses les prestaban ayuda proponiéndoles aceptar hacerse ciudadanos de este país, después. ¿Tienes familia en California?

—Si, pero necesito averiguar la dirección.

—Es mejor que la consigas, de otro modo vas a pasar muy mal tiempo alía.

—Espero que Alguien me dé una ayudita de allá arriba, del infinito.

—Ojalá manito, porque aquí cada quien "se rasca con sus propias uñas". Pero quieres ir a California viniendo de Arizona, ¡Vas en sentido contrario!

—Gracias por advertírmelo, lo agradezco.

—Regresa a la terminal, allí trabajan varios mexicanos, pregúntales que tren va hacia California.

—Gracias otra vez Sr. Flores, pero por favor deme más tamales y jugos para el viaje.

En efecto casi todos los ferrocarrileros eran de aspecto latino; le hice la supuesta pregunta a uno, no me contestó; Le pregunté a otro, ni siquiera volteó a verme. "Han de tener la barriga llena y dólares en sus bolsillos", pensé, pero posiblemente eran indios Navajos, los cuales no hablan ni J en español. En eso se me acercó un American Kid (un muchacho anglosajón), de traje, el cual a gritos y señas me expulsó de la estación; como no soy "maneado", salí por un lado y entre por otro; al empezar a caminar en medio de dos pares de paralelas, a un lado vagones a otra plataforma con cajas de camión tráiler encima. Cada caja tenía un cartón adherido con la dirección del destinatario: Calle Fulana, Numero Tal, Los Ángeles, California. "Este es mi tren", me dije.

CAPÍTULO VIII

De Nuevo México Ha California

Al enterarme de que ese tren iba en la dirección que yo deseaba, subí a una de las plataformas, ocultándome entre las ruedas de las caja-tráiler; Al poco rato estábamos en marcha, cuando salió el convoy del pueblo empecé a gatear por debajo de las cajas encontrando para mi fortuna, en el centro de la plataforma un hoyo en el que me introduje durmiéndome en seguida, estaba desvelado de la noche anterior; seguramente dormí muchas horas, al amanecer del siguiente día desperté sin frio, más tarde sentí calor, mucho calor, saque la cabeza de mi agujero para divisar solo una gran llanura de arena, era el Valle de la Muerte en el Desierto de Mojave, el que se encuentra a varios metros bajo el nivel del mar, siendo uno de los lugares más calientes del planeta; poco a poco fue mermando la temperatura hasta tornarse el ambiente fresco, casi frio, al oscurecer a un lado de la vía pasamos un letrero que anunciaba: Corona, California; al parar el tren en la estación, noté que unos individuos uniformados con linterna en mano registraban entre las plataformas, ¡otra vez la suerte estaba de mi lado! pasaron a dos metros de distancia pero debido a que el hoyo no se apreciaba desde abajo, no pudieron verme.

El tren continuó, yo me volví a dormir para ser despertado por el ruido de las uniones de los carros chocando entre sí, al ir enfrenando la locomotora; cuando paró por completo, salí de mi escondite empezando a buscar una salida de los patios de la terminal, de pronto se me enfrentaron dos hombres anglosajones de traje y pistola. "La Migra", tantos trabajos que había pasado para venir a caer en las "garras del león", me lamenté; me tomaron cada uno de un brazo conduciéndome a una oficina donde me "pasaron báscula (inspección corporal), iniciando un interrogatorio en inglés, al no obtener respuesta, uno de los agentes hizo un ademán como cargando un bebe, lo cual interprete.

—¿Cuándo naciste?

—marzo 27 de 1941 (escribí en un papel)

—¿Cómo llamas?

—Javier Solís (mentí)

—¿Dónde nacho?

—Durango, México.

—OK., Esto no bueno.

Esperaba lo peor, cárcel, deportación, aunque sinceramente no malos tratos puesto que los oficiales se veían caballerosos, amigables, casi serviciales; al hacerme algunas bromas que no entendí, no se burlaban, sino más bien sonreían con simpatía; después de hacerme "tocar el piano" (huellas digitales), me condujeron a un portón que daba a la calle e indicando con el dedo uno de ellos ordenó: "Go, no más aquí"; creo eran agentes antinarcóticos y al parecer no tenían negocio conmigo, aunque pudieron haberme entregado al Servicio de Inmigración, no lo hicieron; les causé simpatía, consideración o que se yo, o tal vez fueron honestos no tomando atribuciones que les corresponde a la Patrulla de Vigilancia Fronteriza, Migra o Agentes del Servicio de Inmigración y Naturalización (S. I. N.), con los cuales tuve varios encuentros posteriores durante diez años que duré viviendo indocumentado en este país.

Gracias a Dios había llegado a California, prácticamente sin grandes tropiezos, estaba en una ciudad, me encontraba a la orilla de un rio acanalado, con una ligera corriente de agua, pero no tenía idea cual era el nombre de esa urbe, era de noche, no se veía gente a quien preguntar, de pronto una idea, un cartón para contenido de leche en el suelo, lo levanté leyendo en el:

1478 West (X) Avenida Eco Park Area

Los Ángeles, California.

Efectivamente era El Pueblo de Nuestra Señora la reina de Los Ángeles, nombre oficial original, fundada por 11 familias mexicanas en 1781. (Algunos historiadores dicen eran 12).

C A P Í T U L O   I X

Corta Permanencia En Los Ángeles

Había llegado a mi meta, ahora ¿qué hacer?; estuve dando vueltas en la oscuridad de la noche sin dirección fija a la orilla del rio acanalado, hasta encontrar un letrero que señalaba Bell, California; "Esto debe ser parte de la gran ciudad", imaginé; a las primeras luces del alba abordé el primer autobús urbano que pasó, llevándome por entre áreas muy pobres por el aspecto de sus casas, algunas abandonadas con vidrios rotos, cubiertas de matorrales, así como algunos negocios clausurados con aspecto de haber sido incendiados, la mayoría de la gente en las calles era de raza negra, observándose pocos autos de modelo reciente, todo eso era nuevo para mí, aquí había pobreza, en el país más rico del planeta.

Seguí viajando en el autobús hasta llegar a Redondo Beach, al notar que era la orilla de la costa, bajo de él, crucé la calle para abordar otro que viniera en sentido opuesto, cuando otro apareció, al parar frente a mí, subí al primer escalón de la puerta preguntándole al conductor, solo una palabra:

—¿Center? (Quería saber si iba para el centro de la ciudad).

—Civic Center? (Centro Cívico).

—Yes, Yes—dije.

—Yea, (afirmó, agregando algo más).

Cuando llegué al "Civic Center" (Palacio Municipal, Juzgados, Cárceles, grandes edificios, etc.), fue como llegar a cualquier gran ciudad de México, por todos lados se veía casi solo gente de aspecto latino hablando español, por lo que me dirigí a una bella joven para preguntarle:

—¿Dónde queda la terminal de autobuses foráneos?

—¿La Greyhound?

—Creo que esa misma.

—Calle 6 ta. y Avenida Los Ángeles, por allí.

—Esta es la 3 era. y la Broadway…

—Si, la terminal esta como a unas ocho cuadras, puede ir caminando, pero tenga cuidado con los "wainos".

Esos "wainos" son cientos de alcohólicos o drogadictos que deambulan por el centro de la ciudad, sucios, como fantasmas, pidiendo en ocasiones, exigiendo en forma amenazante dinero para mantener sus vicios, sin que ninguna autoridad intervenga para remediar ese mal, donde se mezclan también peligrosos delincuentes; con esa absurda tolerancia se está dejando crecer un monstro de mil tentáculos al acecho de personas de buen vivir en cualquier esquina o callejón.

Me estaba germinando otro plan, viajar hacia alguna zona agrícola cercana. La ciudad es difícil para un extraño que acaba de llegar, tenía que salir pronto de ella. Consulté mi bolsillo contando trece dólares con sesenta y cinco centavos; revisé el tablero de precios por pasaje, deseaba viajar lo más lejos que mi dinero alcanzara; me decidí por Bakersfield, California y para llegar allá se necesitaban once dólares con veinticinco centavos, "del dicho al hecho", esa misma noche iba con rumbo a mi nuevo destino.

Mientras esperaba en la estación, compre un periódico local en español llamado La Opinión, empezando a enterarme de la vida citadina; se ofrecían muchas oportunidades de empleo, haciéndome pensar en regresar algún día a esta metrópoli, pero lo que de verdad me intrigó fue un aviso que decía lacónicamente en letras grandes: "Se regalan casas por el área Sur Central de Los Ángeles con la condición de que sean restauradas y habitadas", seguido por la dirección y teléfono de una dependencia del Gobierno del Condado Angelino; En el capítulo siguiente un residente de San Fernando me dio la supuesta explicación al respecto.

C A P Í T U L O   X

Rumbo A Bakersfield

Tomé el autobús como a las nueve de la noche, a mi lado se sentó un hombre de mediana edad quien dijo ir solo a San Fernando que esta como a unos 50 kilómetros del centro; aprovechando que aquel hombre era conversador le solté la pregunta sobre el aviso del diario La Opinión, a lo que ese caballero comento: "Oh sí, es verdad, el área Sur Central de Los Ángeles tiene zonas donde hay mucha pobreza, desempleo y crimen, por lo que el Gobierno local está tratando de rehabilitarla con personas latinas trabajadoras, lo cual ha sido aprovechado por algunos mexicanos y centroamericanos inmigrantes"; (En la actualidad esa clase de oferta, no la hay más, lo que hay es mucha demanda para comprar, no encontrándose ninguna propiedad por un valor menor de cien mil dólares); ahora esos barrios son interraciales o convertidos en "latinos" algunos que antes no lo eran, se vive en ellos en un ambiente más o menos de armonía entre seres de diferentes culturas u origen, salvo esporádicas fricciones.

Cuando aquel hombre bajó, tomó su lugar una bella rubia con la que entablé una plática "a medias", es decir ella hablaba y yo escuchaba fingiendo entender, cuando ocasionalmente lograba captar alguna palabra, la repetía en voz alta para que ella continuara su monólogo, era grato ver su rostro, escuchar su melodiosa voz y su contagiosa sonrisa; de repente el hechizo se rompió cuando un muchacho de aspecto desaseado se acercó dándole un apasionado beso, como insinuando: "Esta mujer me pertenece", después de hacer esa ostentosa demostración, el barbado despeinado se retiró a otro asiento dejando a la joven continuar su plática y su natural coquetería, haciéndome sentir muy corto el viaje de tres horas.

Cuando íbamos llegando a Bakersfield, se observaban algunos sembradíos a la orilla de la ciudad (había luz de luna), pero la terminal estaba en el centro del pueblo. Dormí un corto tiempo en la estación para ser despertado por un uniformado que con cara de pocos amigos me señalaba la puerta de salida; media noche no es buena hora para aventurarse por lugares desconocidos, pero como yo ya había pasado por situaciones peores, las calles iluminadas y desiertas eran como ir por un parque en un día soleado, eso me parecía; al mismo tiempo estaba consciente de los peligros urbanos, así que me mantenía alerta; si veía las luces de un auto venir, buscaba alguna cornisa o escondite entre dos edificios; si un transeúnte iba a encontrarme, inmediatamente cruzaba la calle; Si algún carro patrulla doblaba en alguna esquina, aparentaba estar comprando un diario en alguna máquina expendedora. Caminando y pensando, observando y actuando.

Al ver un puentecillo como para cruce de peatones, subí a él dirigiendo la mirada a los cuatro puntos cardinales con la idea de encaminarme hacia donde hubiera menos luces a la distancia, tratando de adivinar los límites de la ciudad para salir de la urbanización hacia el área rural.

Buscando Trabajo En El Campo

Afortunadamente Bakersfield no es una población grande, así que cerca del puentecillo como a dos kilómetros terminaban las bombillas del alumbrado público; esperé que la luz del día viniera en mi ayuda para empezar a transitar por unos llanos donde había talleres o establos separados unos de otros hasta llegar a un minúsculo poblado llamado Old River, circundando este, había muchas tierras de labrantío, era una zona de agricultores italianos.

Pasé el pueblecillo de largo para dirigirme donde estaban tres casas grandes aparte, así como varias casitas al parecer para alojamiento de trabajadores; al pasar enfrente de una de las casas, vi una puerta abierta, adentro de una oficina estaba una dama escribiendo a máquina; le dije que estaba buscando trabajo, ella en una mezcla de italiano y español me contestó que en esos momentos no había vacantes de empleo pero me señaló otras casas a lo lejos, que era el rancho de Mario Boti; esa dama se mostró muy comprensiva que hasta cigarrillos me obsequió.

Me presenté con Mario, quien hablaba perfectamente español, que después de hacerme algunas preguntas sobre mi procedencia, me dio alojamiento junto con otros indocumentados que estaban ahí, todos ellos mexicanos; Estuve en su rancho solo unos cinco días, este señor tenía cuarenta o más años y una mentalidad retrasada con respecto al trato laboral, del tiempo de la Contratación de Braceros; obligaba al peón trabajar doce horas diarias, pagando solo por ocho, así como exigiendo más rendimiento de lo normal; tuve que dejarlo, a mi pesar para continuar mi peregrinar, ese mismo día conseguí trabajo y alojamiento con otro italiano que era muy buen patrón con el cual trabajé un día, pero al siguiente día se desataron los cielos en forma de tempestad que no paraba por días, fue cuando dos paisanos de Michoacán, indocumentados como yo, me invitaron a viajar al Condado de Fresno, California en un automóvil de su propiedad.

En una hora aproximadamente llegamos a un caserío que resulta ser una aldea indígena, donde no lográbamos darnos a entender hasta que apareció "El Nopal", un mexicano casado con una india de la aldea o reservación, él nos llevó a la casa de María Luebano, una señora de Jalisco, sin residencia legal que tenía una Casa de Huéspedes para trabajadores (Abordamiento, le dicen): Comida y catre, además fiaba, eso me caía "de perlas" en esos momentos.

En una galera dormían como unos 50 a más indocumentados, mojados o ilegales, los cuales en su totalidad trabajaban en un gigantesco rancho de 800 o 1000 hectáreas cuadradas, localizado en Stratford, Condado de Fresno. Esa casa, como ese Rancho fueron el fin de mi peregrinar por algún tiempo, reivindicándome tanto moral como económicamente; Ese nombre Stratford, homónimo del lugar donde nació William Shakespeare, ha quedado grabado en mi mente y corazón por siempre, ya que fue alii donde rehabilita mi espíritu que estaba a punto de quebrarse en mil pedazos; Tener de nuevo confianza en otras personas, pero más que todo en mi propia persona.

CAPÍTULO XII

West Cost Farms Inc. En Stratford

Este era el nombre del extenso rancho, bastante bien organizado por la familia Henderson, donde laboraban al menos unas 200 personas diariamente, la mayoría indocumentadas; tenían la más moderna maquinaria agrícola, hasta una avioneta para supervisar el riego y las siembras. Allí solo se cultivaba algodón y cebada en forma alternante durante el año; Había muchos mayordomos para las diferentes faenas: riego, preparación de la tierra, siembre, escarda, transporte de cosechas, etc.; Junto con otros compañeros me presenté a la explanada donde se contrataba o repartía el trabajo, me dirigí al encargado de los choferes de tráileres de nombre Frank Valente, quien me preguntó:

—¿Sabes manejar estos "bebes" de 60 pies de largo?

—¡Claro que sí! (La verdad es que no sabía).

—Te voy a observar sin que te des cuenta y veremos.

—Todo lo que necesito es recibir dos o tres instrucciones.

—Sube a ese camión con ese güero para que te enseñe la ruta, estamos acarreando cebada del campo a la bodega.

En mi entera vida había subido a un tractor de tráiler por el lado del chofer, solo había conducido pequeños camiones o autobuses de 30 personas, pero la necesidad es la madre del ingenio, la invención o la temeridad, esto último se aplicaba en mi caso; Trepé al tractor remolque, sintiendo en esos momentos estar encima de un monstruo al que tenía que dominar lo más pronto posible; ese dinosaurio mecánico era manejado por Rice un joven como de veinte años, tipo mestizo de Anglo con Latino o Indo-Americano, de muy buen carácter y disposición para ayudar, él fue mi maestro, aunque podría haber sido casi mi hijo; Rice no hablaba ni una palabra en español, en cuanto a mí, casi no podía expresar una en inglés, pero logramos entendernos de la siguiente manera:

—Ai Monty / Soy Monty, dije (en vez de "I am Monty")

—I am Rice, How are you? / Yo soy Rice ¿Como estas?

—Guud./Bienk (en vez de "Fine")

—Are you a new driver? / ¿Eres chofer nuevo?

—Ai aprendista / Soy aprendiz, me sinceré (debí decir "I am a apprentice").

—Good, let's go / Bueno, vamos.

—OK. Ai luckin iu. / Te iré mirando, quise decir (En vez de "I will be looking you").

—Well, watch me. / Bien, obsérvame.

Al sincerarme corría el riesgo de perder mi empleo al momento, antes de empezarlo, pero no tenía otra alternativa; tenía que reconocer mi ignorancia para poder recibir instrucciones al respecto, así que me estaba arriesgando de que Rice me descubriera ante el mayordomo o tomara su posición de instructor práctico, siendo esto último lo que aconteció empezando en seguida a darme cátedra este noble joven.

Primera Lección Sobre La Marcha

Era un tractor Peterbuilt de dos transmisiones con dos cajas conectadas en convoy, con una longitud de unos 20 metros; al instalarnos en la cabina, Rice empezó sus lecciones: "Así, luego de este modo para entonces de esta forma"; yo no captaba nada de lo que decía, pero no quitaba la vista de sus manos y pies mientras él hacía decenas de combinaciones con las dos transmisiones; la transmisión chica contaba con 4 velocidades más reversa, la grande tenía 6 velocidades.

Debía descubrir cómo funcionaba todo aquello, teniendo solo media hora de tiempo para descifrarlo. Al final de ese lapso saque en conclusión que las combinaciones de cambios se tenían que hacer a la velocidad y momento adecuados, usando las dos manos a la vez, soltando por instantes el volante, más o menos en la siguiente manera:

CAMBIO	TRANSMISIÓN CHICA	TRANSMISIÓN GRANDE
Cambio	Velocidad en 1 ra	Velocidad en 1 ra
Cambio	Velocidad en 1 ra	Velocidad en 1 ra
Cambio	Velocidad en 1 ra	Velocidad en 2 da
Cambio	Velocidad en 1 ra	Velocidad en 3 ra
Cambio	Velocidad en 2 da	Velocidad en 4 ta
Cambio	Velocidad en 2 da	Velocidad en 1 ra
Cambio	Velocidad en 2 da	Velocidad en 2 da

Cambio	Velocidad en 2 da	Velocidad en 3 ra
Cambio	Velocidad en 3 ra	Velocidad en 4 ta
Cambio	Velocidad en 3 ra	Velocidad en 2 da
Cambio	Velocidad en 3 ra	Velocidad en 3 ra
Cambio	Velocidad en 3 ra	Velocidad en 4 ta
Cambio	Velocidad en 3 ra	Velocidad en 5 ta
Cambio	Velocidad en 4 ta	Velocidad en 2 da
Cambio	Velocidad en 4 ta	Velocidad en 3 ra
Cambio	Velocidad en 4 ta	Velocidad en 4 ta
Cambio	Velocidad en 4 ta	Velocidad en 5 ta
Cambio	Velocidad en 4 ta	Velocidad en 6 ta

O sea que, por cada cambio de la transmisión chica se hacen 3 o más de la grande, recorriéndose constantemente los cambios de la grande a la 3 ra. o más alta velocidad. Las transmisiones renombran chica y grande, pero podría ser viceversa ya que la "chica" es más potente que la "grande"; en fin, estos cambios de velocidades pueden variar de acuerdo con el peso de la carga, las condiciones del camino o la velocidad en determinado momento, para eso la máquina tiene un indicador en el tablero que marca las revoluciones por minuto que ésta da al acelerar (R.P.M.), cosa que el chofer experto sabe el tiempo exacto de hacer cambios con solo escuchar el sonido del motor, pero para mí toda la "música" sonaba igual. Por lo tanto, una transmisión es la principal mientras la otra es auxiliar; Pudiendo hacer combinaciones entre estas tanto como sea necesario; se pueden hacer 12, 14 o más dependiendo de la carga, de si se va despacio o en pendiente, en esos casos se usa la transmisión auxiliar con más frecuencia que sus velocidades son como divisiones de la principal o sub-cambios.

Habían pasado 25 minutos de que había abordado aquel vehículo como estudiante y se suponía que ya había recibido mi graduación, lo tendría que demostrar o no sería aceptado como empleado; era una fugaz oportunidad que se me presentaba, por lo tanto, tenía que atrapar esa estrella imaginaria antes de que desapareciera de mi alcance o tendría que esperar otra noche iluminada de oportunidad, en esos días difíciles de mi existencia.

CAPÍTULO XIV

Querer Correr Sin Saber Caminar

Al llegar a la parcela varias máquinas trilladoras descargaron cebada sobre las dos cajas-tráiler que traíamos; Por las gesticulaciones que hacía Rice, mi instructor, supuse que era mi turno de tomar el volante de aquel quebradizo dragón como de 6 automóviles en línea de largo, con la inconveniencia para mí, de estar ahora cargados hasta el tope; "Ahora o nunca, nadie nace enseñado", pensé; ¡ahí te voy! Había pasado tantas situaciones críticas en los pasados días que, mi perspectiva se había afinado, así como mi mente y pulso estaban bastante tranquilos.

Empecé a mover mis extremidades inferiores como un niño que empieza a caminar y quiere correr, pero mi maestro Rice estaba ahí para salvarme de cualquier tropiezo, cuando veía que estaba haciendo una combinación de cambios equivocada, rápidamente él hacia el movimiento por mí. Modestamente fueron pocos los errores cometidos, pasé la prueba a medias, pero la pasé; debo admitir que una de las razones de mi relativo éxito fue la paciencia de mi instructor, la confianza en sí mismo que me contagió con su total impasibilidad.

Al llegar a la bodega del Rancho, Valente el mayordomo, me estaba esperando con otro tractor encendido, que era un viejo Mack de dos transmisiones también, solo que una de tres velocidades y la otra de cinco, por lo cual, al hacerse menos combinaciones de cambios, facilitaría más mi adiestramiento, aunque Valente advirtió:

"Tú no sabes manejar estos 'bebes', pero te voy a dar un 'chance', cerrando un ojo". Sentía que había pasado lo más difícil, solo me faltaba rectificar que podía hacerlo mejor.

Haciendo tronar las transmisiones, forzando a veces la máquina o pasando muy cerca de postes u orillas de puentes con las últimas ruedas del convoy, fui tomando pericia que al cabo de tres días me consideraba casi un experto.

Era bastante la cosecha, trabajábamos 6 traileros 12 horas diarias hasta que se recogió el último grano de cebada tres meses después, terminándoseme a la vez mi empleo; para entonces ya se había sembrado algodón en la otra mitad del rancho, por lo que la esperanza de nueva oportunidad de empleo iba a la par con el crecimiento de la planta, lo cual fue positivo dos meses adelante, solo que antes de eso fui a dar un recorrido a través del Valle de San Joaquín el "corazón agrícola" de California, en compañía de otros paisanos.

CAPÍTULO XV

El Vasco Y Sus Ovejas

Cuando estaba trabajando con el camión—trailer, yendo por el camino de tierra entre las extensiones de aquel enorme rancho, al lado de parcelas donde recién se había trillado la cosecha, un medio día divise como a unos doscientos metros adelante había una gran polvareda, imaginé que sería otro camión que vendría en sentido opuesto, por lo que de inmediato tomé a la derecha del camino, cuando llegué a aquella nube, encontré cientos de borregas cruzando la vía, para entonces no tuve tiempo de frenar debidamente, provocando que el rebaño saliera en estampida en todas direcciones, con la suerte de aplastar una de las ovejas, que pudieron haber sido varias.

Este incidente me dio la oportunidad de conocer un pintoresco personaje del pasado como del presente, de una inmutable trayectoria por siglos, un pastor vasco, el cual había venido directamente de la Madre Patria, especialmente contratado para este trabajo. Ese caballero me contó que ellos tenían una fama ganada con cientos de años como expertos en esas labores, en tal virtud que algunos rancheros de California, Oregón u otros Estados, los contratan legalmente por seis meses o un año, que normalmente lo renuevan por las veces que el pastor acepte.

Estos empleados especializados, llevan una vida más o menos ermitaña, viviendo en casas rodantes, platicando con sus perros y tomando vino directamente de la "bota" (bolsa de cuero); Se pasan esa existencia resistiendo dos o tres años, ahorrando lo máximo, para llevarse al regresar a su tierra, una buena suma en dólares, que puede ser entre 25 o 50 mil, según me comentó esa persona.

Con la colonización de California, procedente de México en 1769, se propició que en los siguientes años, algunos de que estos europeos vinieran directamente de la región Vasca a establecerse principalmente al norte del Estado y el vecino Estado de Oregón, trayendo con ellos algunos centenares de ovejas para cría; a propósito de Oregón, ese estado nunca fue parte de México ya que fue vendido por España a los Estados Unidos de América, poco después de que este país logró su independencia de Inglaterra.

Posiblemente los grandes rebaños, miles de animales que ellos cuidan ahora, descienden de las ovejas que los coterráneos debieron haber traído a esas tierras hace 200 años o más.

Al conversar con aquel personaje de una historia viviente, este mirando los sembradíos de cebada en sus mies, comento: "Ahora se va a haber bastante harina para la Ostia del Señor" Hasta la fecha ignoro si él creía que aquella planta era trigo, o me estaba tomando el pelo, por las dudas le contesté: "Me parece que más bien va a haber bastante agua con elixir (cerveza)"; Me miró extrañado como a un pagano, al tiempo que echaba un vistazo a sus ovejas que se iban alejando, que para alcanzarlas empezó a trotar, al irse retirando me gritó: "Hasta la vista, ve con Dios amigo, pero cuida tu volante".

Mi mayordomo, Valente después de enterarse del percance me tranquilizó diciendo: "No te preocupes, las borregas pertenecen a la esposa del Sr. Henderson, dueño del rancho, pero no por eso les eches el camión encima, ¡Bato!"

Valle De San Joaquín

Todo el Estado de California tiene mucha actividad agrícola desde la frontera, Valle Imperial, Condado de Orange, Costa de Salinas, Valle de Sonoma y Napa, al norte de San Francisco, pero la región cultivable más grande es el Valle de San Joaquín en la parte Central, el cual cuenta con clima semitropical y abundante agua.

Así de grandes como el rancho donde trabajé, hay otros o más extensos dentro de este fértil Valle en el corazón del estado, que abarca desde Sacramento hasta Bakersfield, quedando Fresno en el centro. Allí se produce toda clase de vegetales, frutas, algodón, cebada, trigo, legumbres y pasturas. El abastecimiento de agua proviene principalmente del Rio Sacramento, así como de varios lagos que se forman con el descongelamiento de nieve de las Montañas Rocosas, al empezar el verano, sin contar con las abundantes lluvias por su situación geográfica.

Al no tener nada que hacer en aquel rancho de Stratford, sino hasta que empezara la cosecha de algodón, fui con otros dos compañeros hacia Madera, donde trabajé unas semanas cortando uva. Estuve varios meses recorriendo algunos pueblos del mencionado Valle, como Merced, Huron, Cinco Puntos, Handfor, Lemore, Tulare y otros más, haciendo recolección de diferentes frutas, hortalizas o productos que allí se cultivan, la paga no era mala pero no había estabilidad, ni empleo duradero, por lo que mi mente y disposición estaban en volver a Stratford, que ha sido uno de los lugares que más contento he trabajado en mi entera vida.

Todos los patrones o contratistas para dar empleo piden la tarjeta del Seguro Social, esto no dejaba de ser un problema, yo no la poseía; alguien me facilitó una de estas, por supuesto con otro nombre, por lo que por casi dos años cambié de nombre, siendo Emilio Martínez. A propósito todas las cuotas que por motivo me descontaron de mi sueldo semanal, fue a parar al "limbo" o al Fondo de Retiro del verdadero Emilio, que le servirán para su pensión cuando llegue a la edad que marca la Ley, si es que él se encuentra radicado en el país; con esto del "limbo", me refiero a que muchas de esas deducciones salariales van a parar a las arcas del Tío Sam (Gobierno Federal), no siendo reclamadas jamás por indocumentados o contratados (braceros) que cuando se van de regreso a México no vuelven más.

CAPÍTULO XVII

De Regreso A Stratford

Stratford, California, es un minúsculo Pueblo, dentro del Condado de Fresno, cuenta con una sola calle, con unas 200 casas cuando mucho, pero hasta la avenida consta de varias tiendas de ropa, abarrotes, restaurantes, estación de bomberos y hasta Agencia de Correos; Es allí donde se abastecen de todo lo necesario miles de trabajadores mexicanos de diferentes ranchos cercanos, así como utilizar la oficina de correos para enviar dinero a sus familiares lejanos.

En el rancho que yo trabajaba proporcionaba un campamento con habitaciones para solteros, como casas para familias de los mayordomos; fue allí donde un amigo México-americano de nombre Jessy Ortiz, se ofreció de buena gana en ayudarme a tramitar la licencia de conducir oficial, proporcionándome un instructivo en español, para después llevarme a la Oficina de Vehículos Motorizados en el pueblo de Handford, donde sin importarles que no; fuera residente legal en el país, me hicieron los exámenes regulares, autorizándoseme ese día la expedición de dicho documento; hasta la fecha estoy muy agradecido con dicha persona por razón de que esa identificación personal, me ha sido sumamente útil en los 20 años que tengo radicado acá.

Al arribar al Rancho, procedente de Huron, hablé con Fernando Ramos, el mayordomo de la después pitadora de algodón, perteneciente a la finca, él me dio empleo, acarreando pacas de algodón procesado de la factoría a los patios de almacenamiento, por medio de un tractor que arrastraba un tráiler pequeño equipado con sistema hidráulico, lo cual por medio de dos palancas hacia todo el trabajo de descarga sumamente fácil.

El turno de trabajo era agotador, de las 6 de la tarde a las 6 de la mañana siguiente; toda la noche, 12 horas diarias, 13 días sin parar, descansando solo un día cada dos semanas; de la cama a la mesa, de ahí a la fábrica, para luego a la cama nuevamente. No teníamos tiempo ni tan siquiera para gastar el dinero que ganábamos; El pago salía bastante bueno, que aunque no nos pagaban tiempo extra, religiosamente nos reconocían 156 horas laboradas cada dos semanas; gracias a lo anterior en cinco meses que duró el procesamiento de la cosecha levantada ese año, logré mandar algunos miles de dólares a mi familia, que sea dicho de paso, en ese tiempo de 1975, tanto el Peso como el Dólar tenían poder adquisitivo, eran monedas con valor, no montones de papeles como ahora.

¡Ah! Como producía ese rancho; sin contar años anteriores, solo ese del que fui testigo de una abundancia extrema, lógicamente los pasados años fueron iguales o mejores, lo que justificaba tener su propia despepitadora; se trabajaban dos turnos, las 24 horas sin parar la maquinaria procesadora, por cinco meses; se terminaban unas 400 pacas diariamente con un peso promedio de 300 kg. cada una, usted saque la cuenta! Ese solo rancho producía, por ejemplo, todo lo que produce el Valle de Mexicali, B.C., o más.

Al terminarse de procesar la última libra de algodón, el dueño de la finca el Sr. Henderson, se expresó muy bien de nosotros, como de todos los mexicanos en general, por el trabajo bien hecho, regalándonos algún dinero extra para hacer un convivir de despedida en casa de Fernando; al siguiente día de la fiesta, partí a Los Ángeles a probar suerte.

CAPÍTULO XVIII

DE NUEVO EN LOS ÁNGELES

Diez meses después de haber pasado por esa ciudad, desorientado, temeroso y sin dinero, ahora volvía más seguro de mí mismo, con más decisión de enfrentarme a las situaciones que se presentaran, agregando a mi favor que había logrado conseguir la dirección de un amigo de los tiempos de la milicia, quien sin residencia legal tenía cinco años trabajando y viviendo acá, su nombre era Refugio Duarte Ochoa.

Este camarada se hospedaba en la casa de una dama de Nuevo México, Ramoncito Cabeza de Baca; al llegar fue bien recibido, me ofrecieron alojamiento, claro que, por paga, así que después de acordar un precio semanal por cuarto y comida, me instalé. Refugio se portó muy servicial, acompañándome a buscar empleo; otro conocido amigo de ambos, Yánez me llevó a las Oficinas del Seguro Social, logrando me concedieran mi afiliación, en esos días no se ponían los empleados difíciles para tramitar dicho documento a indocumentados como mi persona.

En menos de una semana conseguimos colocarnos en unos laboratorios donde se envasaba suero, agua purificada y otras substancias usadas en hospitales. Unos meses después la empresa trasladó sus instalaciones a Santa Ana, California, quedando nosotros cesantes por no tener medio de transportación.

Al buscar otra ocupación empecé a hacerlo por mi cuenta; compré el periódico La Opinión, consulté la sección de empleos, leyendo: "Se necesitan choferes para camiones vendedores de helados, no se necesita experiencia, buena comisión"; me presenté a la dirección indicada por el área de Florence, California, logrando ser aceptado después de pasar una prueba de manejo; al poco tiempo ya andaba con el "Ti-ti, Ti-ti-ri-ti-ti" del sonido musical del camión, vendiendo conos, banana split y Sunday de nieve por las calles del pueblo Pico Rivera; una andadita me ocurrid con una—cliente, una señora ordenó algo, al contestarle yo en español, ella sorprendida exclamó:—Habla español!—Sera lo único que hablo (no ingles)——es el único que lo habla, todos los demás vendedores, solo hablan inglés". Ja.

Se trabajaba hasta 14 horas diarias, ganándose un promedio de 60 dólares diarios, durante los meses calurosos no era mal negocio, al empezar a cambiar la temperatura bajaron las ventas por lo que la comisión no resultaba conveniente. Era tiempo de la cosecha de algodón en Fresno o faltaba poco; tenía muy gratos recuerdos del año anterior, sentía como si un imán me atrajera hacia allá; ¿Sería posible repetir el pasado éxito? eso esperaba, sin embargo, tuve que sufrir mi primer tropiezo al ser detenido por el Servicio de Inmigración o "La Migra".

Con unos dólares que logré reunir con la venta de helados, compré un viejo automóvil Chevrolet Impala Modelo 1963 en el cual me trasladé a Fresno; este carrito me fue muy útil, a la vez me perjudicó por lo que en el siguiente capítulo relataré.

Primer Encuentro Con La Migra

Con un poco de problemas con el auto logré llegar a Fresno a finales de Agosto, como 20 meses de permanecer en el país, todavía no empezaba la cosecha de algodón, por lo que con cinco compañeros del Rancho West Cost, fuimos a conseguir trabajo cerca de allí en el corte de uva; a mí me convenía doblemente porque además de lo que ganaba trabajando, recibía un pequeño pago extra por la transportación de mis amigos, por cierto todos ellos originarios de Zacatecas; así estuvimos viajando por un mes hasta que empezó a funcionar la despepitadora de algodón.

Ese carrito tenía la transmisión en malas condiciones de funcionamiento la que era automática, no efectuando cambio de velocidades hasta que el aceite se calentaba, provocando con esto ser detenido por la Policía de Caminos. Una noche un amigo me pidió lo llevara a una tienda como a 10 km de distancia, al ir viajando lento por la carretera, por el problema de la transmisión fui detenido por la Policía, inquiriendo:

—¿Traes papeles?

Le extendí la Registración del auto.

—No! Tus papeles—exclamó el oficial. Le mostré mi licencia de manejo.

—No bueno, yo querer tu Mica (Tarjeta de Residencia)

—No tengo—admití

—OK., Bajarse—ordenó.

Me esposaron llevándome de inmediato a una cárcel en Handford donde me internaron en una celda donde se encontraban delincuentes menores: Puchadores (vendedores de droga al por menor), ladrones en pequeño, choferes ebrios, etc.; me sentí mal al entrar, no tanto por la detención, sino por la cara hostil de esos huéspedes pero de inmediato empecé a buscar su amistad por conveniencia propia, cosa que fui logrando poco a poco en virtud de que la mayoría hablaba español, eran 10, 7 de ellos mexicoamericanos 2 anglo-sajones y un mulato. Al final de cuentas la celda no estaba del todo mal, había bastantes revistas y libros en castellano; (Ahí leí la Verdadera Historia del Batallón de San Patricio, el que estuvo compuesto por irlandeses-americanos que lucharon en favor de México en contra de los Yankees cuando la Guerra de Texas); jugábamos a las cartas horas enteras, pagándonos con artículos de aseo o parte de la ración diaria de alimentos.

Ahí me detuvieron como dos semanas, quizá mientras investigaban mi récord personal en ambos países, supongo, para después entregarme al Servicio de Inmigración, donde me pidieron en forma muy cortés firmar un documento que ellos llaman Salida Voluntaria; luego sin más trámite, interrogatorio o algún otro procedimiento legal, me colocaron en un autobús enrejado, junto con otros 50 compañeros más con destino a Mexicali, B.C., añadiendo que en el viaje nos proporcionaron un sándwich de mortadela y un vasito de cartón con refresco. Este sería mi primer encuentro con La Migra de una serie como de 15 detenciones en un lapso de tres años.

CAPÍTULO XX

Planes En Baja California

Tomando el vehículo una autopista con dirección sur, en un viaje directo, sin parar por cinco horas en ninguna parte, fue a parar a la orilla de la cerca fronteriza junto a una puerta giratoria de barrotes de metal, que gira solo hacia adelante; Así en fila militar fuimos entrando a tierra mexicana donde fuimos recibidos por Don Nadie, es decir ni tan siquiera la gente que pasaba por la calle volteaba a vernos, estaban tan acostumbrados a ese diario suceso como algo muy común. Conforme entrabamos en las calles de Mexicali, nos íbamos separando en diferentes direcciones, para después junto con otros dos nuevos amigos nos trasladamos a Tijuana en busca de un "coyote" (persona que ayuda a cruzar ilegalmente la frontera, por medio de pago), con la idea de retornar a Fresno lo más pronto posible, como alguien que falta a su trabajo y le urge presentarse al siguiente día.

Después de consultar varios contactos que mis nuevos compañeros tenían en Tijuana, alguien prometió llevarnos a Los Ángeles con una promesa de pagar 300 dólares al llegar; Un "pollero", que es ayudante-guía del "coyote" (es como la gallina que trae a sus polluelos siguiéndola), en este caso nosotros somos los "pollitos", nos trasladó a un Hotelucho de la Colonia Coahuila, donde se encontraban otros 10 candidatos a cruzar la alambrada; pasaron las horas, como a las dos de la mañana, en autos de alquiler nos llevaron justo a la línea fronteriza por el área de la Colonia Francisco Villa, en ese punto, la cerca tenía varios agujeros suficientemente grandes para pasar a través de ellos con facilidad; unos cuantos pasos adelante había una cabaña abandonada, todo estaba completamente a oscuras, por lo que entramos en ella tropezando con otras personas que ya se encontraban ahí.

Horas antes de salir del Hotelucho, el "coyote" dio algunas instrucciones como esta: "Cuando estemos en un jacal, donde vamos a llegar, cuando oigan LOS DEMANDO, salen corriendo detrás del guía"; así que cuando estábamos entre aquella gente, no podíamos ver nada, pero se percibía era un grupo grande de personas; solo se oían murmullos de los "polleros": "Los de José, acá", "Los de Pedro, listos", "Los de Mando, calmados" Una voz autoritaria poco más fuerte ordenó: "Cuando diga VAMOS, todos salen corriendo a toda prisa", todos callaron nadie chistó, todos alertas; tosecitas apagadas y suspiros de mujeres (había varias), algunas de las cuales vi después, unas casi niñas, otras tal vez abuelas. No fue grande la espera, tal vez unos 15 minutos, al cabo de eso el cabecilla grito: VAMOS, empezando todos a correr, cada grupo siguiendo a su "pollero-guía".

De La Cabaña Avanzando Y Retrocediendo

Empezamos a cruzar unos llanos como de tierras para labranza, al ir a toda carrera un hombre que llevaba a una mujer de la mano, se empezó a rezagar del grupo, gritándome: "Ayúdame con esta", con lo que me pedía le ayudara a remolcar a la señora, por lo que tomándola de la otra mano continuamos la loca carrera, llevando a la dama en vilo o dando trancadas como de un metro por paso; En eso fuimos descubiertos, dos helicópteros empezaron a seguir los diferentes grupos separados, pero sin dispersarse; Se sentía aquello como una película de combate, con rugido de motores, rayos de potentes reflectores, voces por altoparlantes en inglés o deficiente castellano, de pronto uno de los aparatos empezó a perder control, teniendo que efectuar un aterrizaje forzoso; después se supo que uno de los que éramos perseguidos había arrojado una piedra, haciendo que el piloto perdiera el control de su nave.

En la confusión nuestro grupo logró llegar completo hasta un pequeño rancho en los límites de San Ysidro, California, donde en una bodega con pacas de cebada, nos ocultamos hasta el amanecer. A esas tempranas horas, en un pequeño camión colocaron a dos muchachas de 15 años al lado del chofer y como a seis de nosotros acostados; en la caja del mismo, nos cubrieron con una lona poniendo sobre ella unas hojas de palmera, aparentando con ello ser carga que lleva un trabajador de oficio jardinero. Empezamos el viaje relativamente cómodo por carretera, después de dar tumbos por 4 horas el vehículo se detuvo; el chofer levantando una esquina de la lona admitió: "Saben?, me perdí, no sé dónde estaba la desviación de la ruta, espérenme aquí, voy a llamar por teléfono"; Una muchacha de las que iba en la cabina bajó expresando: "Este hombre creo está drogado, va hablando tonterías y diciéndonos cosas sucias".

Por temor que ese inexperto guía cometiera más errores, causando ser interceptados por La Migra (Patrulla Fronteriza de Inmigración), lamentando la ayuda recibida del "coyote", uno de los nuestros tomó el mando del grupo ordenando: "Bájense todos, vayan a esconderse detrás de aquella barda, RÁPIDO"; A una dama con cara de buena gente, que por ahí pasaba le pidió hiciera el favor de llamar dos autos taxi para nosotros, lo cual de buena gana aceptó, no importándole ser cómplice casual, puesto que había observado todo. En esos momentos nos encontrábamos en un centro comercial, pero ignorábamos que era la ciudad de Oceanside, como a 100 km. al norte de San Diego; a los pocos minutos los taxi aparecieron, nuestro nuevo jefe le pidió a los conductores nos llevaran a un hotel en San Diego, así que estuvimos a medio camino de Los Ángeles, teniendo que desandar hacia el sur de nuevo; fue como replegarse, una apropiada maniobra, puesto que estuvimos a corta distancia de la garita de Inspección Migratoria en San Clemente, por lo que yendo hacia atrás, San Diego, era más fácil pasar desapercibidos entre la población metropolitana; al llegar al famoso Puerto Naval Militar, después de reunirnos para planear nuestra estrategia, cada uno tenía opiniones diferentes de lo que deberíamos hacer, por lo que opté por separarme del grupo, caminando solo, hacia el centro urbano de la Ciudad.

C A P Í T U L O   X X I I

De San Diego Hasta Fresno

Llegué a la terminal de autobuses en el centro de San Diego, entré a una cabina telefónica para hacer una llamada a Ramoncita Cabeza de Baca, la señora de la casa de huéspedes en Los Ángeles, quien prometió ir a recogerme esa misma tarde; cabalmente como a las tres horas esa valiente dama llegó en compañía de una amiga, sin hacer muchos comentarios, al momento nos pusimos en camino rumbo al norte vía autopista niñero cinco; ellas en el asiento delantero del auto, yo en posterior (sin ocultarme), resignado a lo que pasara; al llegar al Puesto de Inspección de San Clemente solo hicimos una media parada al tiempo que el Oficial de Inmigración hacía la seña de continuar, en esos momentos sentí que todo me lo jugaba a una carta, estando la suerte a mi favor; al percibir el éxito, me invadió la alegría y optimismo al grado de hacerme sentir como un muchacho de 18 años con una vida de ilusiones por venir, pero en realidad tenía el doble de esa edad, debía poner mis pies en el suelo y bajarme de esa nube.

Después de una hora de viaje llegamos a la casa de Ramoncita, con la que acordamos que por ese servicio le pagaría 100 dólares más otros 200 extra si me llevaba a Fresno, a crédito por supuesto; esa dama había hecho ya antes varios negocios de esa clase, opinando que la mayoría de mis compatriotas eran cumplidos en sus promesas de pago, aunque ocasionalmente fallaba alguno, pero el riesgo de perder no era mucho y la inversión en metálico casi era nula; al día siguiente marchamos a Fresno donde encontré alojamiento rápidamente, reincorporándome a mi trabajo de la despepitadora de algodón, cubriendo en dos semanas mi deuda con la servicial dama.

Fresno es una bella y tranquila ciudad, pero también es un Condado (Municipio), siendo Stratford, donde queda el rancho de mis patrones, a unos 50 kilómetros al oeste, donde después de presentarme con Fernando el mayordomo, reinicié el trabajo de las acostumbradas 12 horas nocturnas. Teníamos un mes laborando cuando uno de los transformadores eléctricos de la planta explotó; por sobrecalentamiento, provocando una reacción en cadena en la caja de switches, con lo cual se ocasionó un gran corto circuito de miles de kilovatios a tal grado que pareciese haber una tormenta eléctrica dentro del edificio, el cuál era totalmente de metal; para evitar ser electrocutados todos salimos corriendo, pero el "Gallareta", un compañero analfabeta, salió a tal velocidad que fue a "meter frenos" a sus piernas hasta varias cuadras de distancia, por el momento eso causó hilaridad entre nosotros tornándose luego en frustración al advertir que se había arruinado la fuente de trabajo.

Con el fin de mantenerme ocupado hasta que fuera reparado el daño de la despepitadora, tomé un empleo provisional en otro rancho cercano, acomodando algodón suelto en tráileres, el cual era descargado por máquinas piscadoras, éste fue un mal movimiento que hice, causándome otro encuentro con la Migra.

Había solo trabajado tres días cuando en un camino polvoriento apareció un automóvil verde limón: La Migra. Al detenerme los oficiales, por cierto, muy corteses, hasta amables, parecieran lamentarse tener que arrestarme; a mi pregunta de qué pasaría con mi auto que dejaría abandonado a un lado del camino, los Agentes me instruyeron pusiera las llaves en el cenicero a la vez me informaron de la dirección del sitio donde podría ser recogido después supuestamente no por mí, sino por algún amigo, aunque yo sabía que personalmente eso haría luego de unos días de ausencia obligatoria, creo que hasta los oficiales lo sabían o al menos lo sospechaban; eso fue exactamente lo que ocurrió al regresar de Mexicali de ese viaje forzoso.

En mi trayecto al Centro de Detención de la ciudad de Fresno, conversando con uno de los Agentes, sobre temas generales, desde una granja de guajolotes que él tenía, hasta relaciones internacionales o personajes, vino a colación que su esposa era de origen mexicano y que él estaba inculcando a sus hijos que fueran bilingües y biculturales. Al llegar al Centro se me proporcionó algo de comer, para después tomarme mis datos personales; después de firmar la usual hoja de Salida Voluntaria, en compañía de decenas de paisanos nos condujeron al autobús enrejado: ¡Hay voy con destino a Mexicali, una vez más!

El Filtro De La Migra Abierto

Ese documento llamado Salida Voluntaria, creo lo ha inventado el Servicio de Inmigración y Naturalización para facilitar el traslado de miles de indocumentados sin tener que hacer ninguna tramitación formal en Cortes de Justicia, cosa muy favorable para ellos como para nosotros también; o sea que se es expulsado del país aparentemente sin delito, pudiendo reingresar el día siguiente nuevamente; uno necesita del empleo, los rancheros precisan de los trabajadores para levantar sus cosechas; Al firmar dicho documento la persona admite no tener Residencia Legal, solicitando ser trasladado a la frontera, por otro lado, las autoridades migratorias justifican su función al despojarse de individuos sin derecho a permanecer indefinidamente dentro del país. En realidad, la situación es flexible por parte de las autoridades; cuando esa preciosa mano de obra es indispensable en temporada de cosecha, la vigilancia fronteriza tanto como las patrullas en los campos agrícolas, no arrestan a todos sino a los que consideran estar en exceso. Era septiembre, época en que se levantan cosechas de algodón, uva, frutas y toda clase de vegetales, por tanto el filtro de la Migra estaba bastante abierto en la frontera; se sospecha que esa vigilancia aunque constante, en determinadas épocas se hace de "la vista gorda" para que un porcentaje de la gente que ingrese continúe hasta el norte, siendo admitido un número más o menos equivalente al que es requerido por los patrones, ese disfrazado sistema es conocido desde tiempo atrás, mis tíos lo llamaban "el disimulo de la Migra".

Al ser expulsado nuevamente al otro lado de la línea, me trasladé a Tijuana, dónde contraté otro "coyote", para después con entera facilidad caminando por las lomas de enfrente de la Colonia Libertad, llegamos a San Ysidro, dónde dos autos nos esperaban; a los dos días de haber salido "voluntariamente", estaba de regreso en Fresno; cuando me presenté a la despepitadora se encontraba ahí CEO Henderson, hijo del ranchero, quien al comentar el mayordomo que era mi segundo viaje forzado al exterior; en un lapso de dos meses, rio de buena gana opinando que los mexicanos éramos valientes y perseverantes.

Habían terminado de hacer unas reparaciones eléctricas a la Planta Industrial, quedaba bastante algodón por procesar, para hacerlo tardamos tres meses más; al terminar la temporada pensé era tiempo de ir a México a visitar mi familia, pero esta vez sí haría el viaje en forma voluntaria.

Luego de tomar unas cortas vacaciones, estuve tratando de encontrar empleo allá, pero en todos lados que solicitaba decían que estaba viejo para empezar (a los 37 años de edad); es que hay tanto muchacho desempleado que los patrones prefieren tomar sus servicios por obvias razones; lo único que pude encontrar fue de Policía Especial, que lo único que tenia de especial, era que no tenía sueldo, me pagarían solo cuando una empresa particular requiriera de mis servicios para cuidar salones de baile, banquetes o fiestas particulares, eso equivaldría a dos o tres jornadas de trabajo a la semana; el Comandante me autorizó de patrullar cantinas "por mi cuenta", diciéndome que podría ganar unos pesos extra; a mi pregunta de qué era lo que tendría que hacer para ello, me miró con extrañeza instruyéndome acompañara a "El Pelos" (un policía viejo), para que me enseñara algunos modos de ganar dinero con los cantineros y parroquianos de esos antros; como no nací para esos "negocios", tuve que renunciar, empezando a hacer planes para mi siguiente viaje a California Alta.

CAPÍTULO XXIV

Detenido Por La Migra Diez Ocasiones

Después de permanecer en México por tres meses, regresé a principios de 1977 a Baja California con la intención de ingresar a E.U.A. nuevamente. Unos amigos me dijeron que por Cuerbos, B.C. era fácil por lo que nos dirigimos al mencionado pueblo, pero el Rio Colorado no solo estaba crecido sino que las aguas estaban demasiado frías para pasarlo nadando, renunciamos al intento; de allí pasamos a San Luis, Rio Colorado, Son., donde sin ningún problema cruzamos la línea divisoria, para después de caminar tres horas en la oscuridad, unos Agentes expertos en seguir huellas nos siguieron en vehículos especiales hasta alcanzarnos, por cierto que uno de los oficiales nos advirtió que, esa zona estaba siendo muy vigilada no tanto por los aspirantes a trabajadores indocumentados, pero la razón principal de tal patrullaje, era que se había descubierto que era una ruta muy usada por muchos "burros" (individuos bien cargados con paquetes de drogas), al mismo tiempo al comprobar que éramos verdaderos trabajadores, en voz baja nos aconsejó que era mucho más fácil ingresar por Tijuana; con buenas maneras nos condujeron a Yuma, Arizona, para de allí nos pudiesen trasladar hacia la frontera. Hicimos otros tres intentos de pasar por Mexicali, sin éxito; fuimos a Tijuana donde hicimos otros cinco intentos, las mismas veces que fuimos interceptados; en cada una de las detenciones usaba nombres diferentes, cuidando mi récord en caso de que fuera necesario en el futuro, algunos nombres sobrepuestos fueron: Jorge Negrete, Pedro Infante, Javier Solís, Hernán Cortés, Francisco Villa, etc.

Era el mes de febrero, época del año que casi no hay recolección de cosechas en California, por lo que la Operación Filtro de la Migra se cierra, no dejando pasar casi a nadie, puesto que sus servicios no son necesarios, como se puede comprender, menos oferta, menos demanda; lógicamente cuando ocurre lo contrario, la Vigilancia Fronteriza se pone como distraída y la Garita de San Clemente se abre por completo a ciertas horas, así como todo el fin de semana, ahora no era esa la situación, esos custodios estaban en disposición hermética. Exceptuando cuando he estado en campos tomateros en el Valle de San Joaquín, en días de madurez de cosecha, cuando ha llegado la Migra, solo se lleva a unos cuantos, detenidos, no se pueden llevar a todos dejando que la producción se arruine.

Por las anteriores observaciones, así como por estudios sociales efectuados por Universidades de California u otras organizaciones México americanas se deduce que, fue el motivo principal por lo que el Gobierno de los Estados Unidos de América, concedió la Amnistía General en 1986 y La Tardía en 88,89 y 90.

Como se sabe la Amnistía General consistió en conceder residencia legal a cientos de miles de indocumentados que tenían varios años residiendo acá, demostrasen ser trabajadores constantes, haber pagado sus impuestos y haber observado intachable conducta civil; fueron muchos los beneficiados con esta Ley dictada, no por benevolencia del Sr. Ronald Reagan, pero más bien debido a la necesidad, de que de estos trabajadores laborasen en Fabricas, Hoteles, Restaurantes, Campos Agrícolas, etc.

Aún más, en los años 1988, 89 y 90 el Servicio de Inmigración y Naturalización (S.I.N.), estuvo insistiendo que todos los trabajadores agrícolas que tuviesen visto bueno de sus patrones por medio de una carta, solicitasen la llamada Amnistía Tardía; todavía a la fecha se siguen procesando algunas de estas solicitudes, al parecer de personas cuyos servicios son muy apreciados por sus empleadores. Como dato complementario se calcula de medio millón de mexicanos legalizados, más otro tanto de los diferentes países centroamericanos principalmente.

CAPÍTULO XXV

Coyote De Categoría

Como decía en esa época del año era bastante difícil cruzar la frontera ilegalmente sin ser detenido, por lo tanto, los "Coyotes" tenían que ser astutos como zorros; conocí a uno de ellos que dirigía una banda bien organizada. Con tantos arrestos que yo había sufrido, casi había perdido el deseo de seguir intentándolo, empezando a pensar en regresar a Sinaloa donde para la comida no faltaba.

Uno de esos días me topé con un viejo conocido de aventuras, quien me puso en contacto con el cabecilla de la mencionada, la cual operaba por la misma Puerta Grande, de la siguiente forma. A la hora exacta del relevo de guardias de las casetas de inspección, caminando normalmente sin correr nos guiaron a una residencia en San Ysidro, a unos metros de distancia; después por medio de un niño de seis años nos condujeron uno a uno hasta un estacionamiento oscuro donde nos esperaba el Chorry (Shorty, "corto", en inglés), un individuo de baja estatura con un automóvil grande último modelo, quien nos llevó a su casa particular en la Ciudad de San Diego, unos 50 kilómetros al norte; era una hermosa casa con una bella mujer, por esposa; al llegar entró con el auto al garaje, cerrando el portón electrónico tras sí, normalmente como si fuéramos sus invitados, puesto que del garaje entramos a la sala, presentándonos a su mujer quien nos miraba con cara de avergonzada sosteniendo un bebé.

El Chorry estaba elegantemente vestido de traje, corbata y sombrero de fieltro, quien explicaba filosóficamente que a él le gustaba ayudar a los mexicanos a ingresar al país, por ser los que tenían más derecho sobre estas tierras, después de los indoamericanos, por ser los primeros en colonizarla, siendo desposeídos de ella por la fuerza apenas hacia 139 años, en 1848, cuando los Anglo-americanos la invadieron por vía marítima; ´tal vez algo había de verdadero en sus comentarios, pero lo que él estaba haciendo por nosotros ahora, era llanamente por "Don Dinero".

Siguiendo su plática ese pequeño dandi dijo dedicarse a la importación de productos mexicanos, especialmente chiles de todas clases. Nos instruyó meternos en la petaqueara del auto, permanecer callados mientras el vehículo viajara, sin movernos hasta que él tocara música en la casetera, significaría que había cruzado ya la caseta de inspección de San Clemente, para entonces empujásemos el respaldo del asiento trasero que estaba sin afianzar, para así uno por uno fuésemos pasando con el auto en marcha, a colocarnos en los asientos.

Fue un viaje rápido y cómodo que al llegar a Los Ángeles dos horas más tarde con gusto pagué 250 dólares, el precio acordado por el servicio. Nuevamente me instalé en casa de Ramoncita, que venía siendo como mi particular Base de Operaciones para futuros planes; era como una especie de refugio para mí a la vez que la dueña del negocio sacaba ganancia conmigo.

En lo personal nunca tuve problema alguno con esos "Coyotes", pero es conocido el hecho que algunos de Ellos han estafado a muchos aspirantes a ingresar, cobrándoles por adelantado para desaparecer después. Otros son delincuentes comunes, originarios de ambos lados de la línea divisoria, que simplemente han asaltado a grupos completos, al grado de que han violado mujeres o lastimado seriamente a otros; por tanto, son bastante riesgosos esos convenios, se deben tomar todas las precauciones, usar al máximo la intuición, la desconfianza sin manifestarla, nuca pagar por adelantado ni traer ninguna suma de dinero consigo.

También ocurre al reverso, "coyotes" que son extorsionados por delincuentes profesionales o traficantes de drogas que se valen de ellos para sus sucios negocios; se da el caso de que muchas veces los "coyotes" se niegan a llevar "pollitos" que les parece no son verdaderos trabajadores.

Besos En Lugar De Herramienta

Al regresar de Tijuana esta ocasión opté por quedarme en la Gran Ciudad, con ayuda del amigo refugio, cosa que agradezco, logró conseguir trabajo estable en una fabriquita de empaques de plástico en Glendale, California, donde el mayordomo era un nicaragüense de nombre Renie Escandón, que más que jefe, era amigo con el que nos pasábamos todo el día contando chistes o platicando de mujeres que era su gran debilidad. Aunque el pago era poco, alcanzaba para gastos de subsistencia, la moneda tenía valor de compra doble del que tiene; ahora; Allí el mecánico de la maquinaria era un anglosajón que no hablaba español, con el cual tuve la siguiente anécdota. Resulta que un día me pusieron de su ayudante, cuando en determinado momento necesité que me pasara una llave, surgió esta confusión, llave o herramienta en inglés es "wrench", pero "llave de cerradura" es "key", pronunciándose "kii", por lo que yo en lugar de pedir herramienta pedí un beso!, sucediendo de esta manera:

—Give me a kiss (dame un beso, dije)

En vez de decir "Give me a key" (dame una llave); cuando en realidad debí haber dicho "Give me a wrench" (dame una herramienta) No solo estuve pidiendo la llave equivocada, sino que estaba actuando en forma sospechosa con cara de inocencia; por lo que el mecánico se me quedó mirando en forma intrigante, retirándose, al rato se acercó el mayordomo preguntando:

—Oye ¿Que, te gusta el Fred?

—¿Qué te pasa?, no le hago a eso, respondí.

—¿Por qué le pediste un beso?

Después de aclarado todo, grandes fueron las carcajadas de los tres. Entre "vacilada", pero sin parar de fabricar piezas de plástico como si esas fueran de pan, se pasaron 13 meses; el patrón era de origen judío—alemán, que además hablaba castellano, decía estar muy satisfecho con mi trabajo, pero no podía pagar más del salario mínimo, por lo que me vi obligado a buscar otro empleo, logrando conseguir algo totalmente diferente, pero mejor pagado. Eso fue en un hospital privado al norte de Glendale, donde estaba viviendo ahora con cuatro amigos en un apartamento.

El sueldo era bajo, pero más del salario mínimo, como ayudante de cocinero, con ventaja de tener manos libres en la comida a lo que aplica el refrán popular: "¿Quién te hace rico? El que te llena el pico".

Luego de trabajar unos meses en un muy buen ambiente laboral, unos amigos me convencieron ir a Tijuana en plan de paseo, afirmando tener un plan infalible para regresar sin ser detenidos por la Patrulla Fronteriza. Allá nos perdimos de vista, no volviendo a saber más de ellos; yo traía algunos dólares en la bolsa y un plan para reingresar sin tener que pagar ayuda de "coyote"; Un plan un poco extraño, pero tenía fe me daría buen resultado, en un círculo de personas donde la apariencia personal así como la actitud propia influye definitivamente en la reacción de otros, lo puse en marcha como sigue.

CAPÍTULO XXVII

Me Disfrace De Anglo

Para iniciar el plan de ingresar ilegalmente a E.U.A., por mi cuenta sin ninguna ayuda, primeramente fui a la Colonia Libertad en Tijuana, cruce la Línea Divisoria, donde no hay serial alguna de ella, me interné escalando varias lomas ocultándome luego entre unos matorrales junto a una vereda por la que transitaban grupos de personas en sus intentos de internarse; esperé escondido varias horas hasta que pasó un grupo siguiendo a un "pollero" (guía), fue cuando salí de mi escondite empezando a seguirlos a una distancia en la que ellos no me pudiesen ver, era como media noche, cuando el grupo empezó a bajar la loma para entrar en San Ysidro, varios agentes de inmigración los rodearon arrestándolos a todos, llenando una "perrera" (camioneta enrejada) con ellos; Al retirarse el vehículo fue seguido por el automóvil de los Agentes y empecé a correr, pero no huyendo sino siguiendo la caravana a prudente distancia, como quien persigue al enemigo cuando va de retirada; entré al pueblo paso a paso, busque un rincón oscuro en el edificio de una escuela donde pasé el resto de la noche.

Al amanecer abordé un autobús urbano con destino a San Diego, al pasar por un Centro Comercial bajé del camión, siempre siguiendo con mi plan, entré a una tienda para comprar una peluca rubia (de hombre, por supuesto, Ja.) la que me coloqué en el baño de un restaurante, todo estaba saliendo perfecto, faltaba lo más difícil o fácil según las circunstancias se presentaran. Me paré afuera de la tienda observando hacia el estacionamiento de autos, viendo a las personas que salían de los diferentes negocios, en eso miré a un "gringo" en compañía de una mujer de aspecto latino a los que me acerqué cuando estaban abriendo la portezuela del auto, solicitándoles:

—¿Ride, Los Ángeles?, pedí.

—"O.K., come in" (está bien, entra, contestó el hombre). Cuando íbamos en la carretera surgió esta curiosa conversación entre nosotros:

Él—¿—? (Pregunta en inglés).

Yo.—Hablo solo poquito inglés.

Él.—(En español) ¿Como, no hablas inglés, no eres anglosajón?

Yo—No, soy mexicano.

Él.—¡Ah! Te pintaste el pelo ¿Eres mojado?

Yo.—Así es, quiero ir a Los Ángeles.

Él.—No te preocupes, yo también soy mojado radicado en Los Ángeles desde hace 10 años, soy de Ameca, Jalisco.

Yo.—Ahora el sorprendido soy yo, del porque esos bigotes tan rubios.

Él.—Me los tiño por la misma razón de que tu hiciste con tu pelo.

Después de reírnos de buena gana, prosiguió.

Él.—Hoy es domingo, la Garita de San Clemente está totalmente abierta, solo hay carros de la Patrulla Fronteriza a las orillas de la carretera, deteniendo a los que ellos juzgan sospechosos, pero nuestra apariencia los confunde como la pimienta hace retroceder a los perros de caza.

Yo.—He oído decir que los Agentes de Inmigración no detienen a personas de aspecto europeo, ni aun cuando pasan caminando por la frontera con un ramo de flores de papel o una figura-adorno de yeso fabricados en Tijuana, aparentando van de regreso a su país, cuando en realidad proceden de Polonia, por ejemplo.

El.—Es totalmente verdadero, por aquí pasan muchos europeos, como de muchos otros países ilegalmente, con solo decir: "American Citizen", al pasar la Garita.

Entre plática y risa, observados por los ojos desorbitados de su mujer, que no salía de su asombro, sin contratiempos, sin parar en todo el camino, llegamos a la Gran Metrópoli; al bajar le ofrecí 50 dólares, que no quiso aceptar, agradeciendo el favor, la urbe angelina nos tragó, confundiéndonos entre millones de mexicanos, centro y suramericanos, indocumentados, con residencia legal o en trámite de obtenerla, más otros millones nacidos acá pero con raíces en el país vecino del sur, los cuales se hacen llamar "Chicanos".

CAPÍTULO XXVIII

Extranjero En Tierra De Mis Ancestros

Algunos de mis antepasados tuvieron ranchos propios, otros trabajaron como "medieros" o por porcentaje sobre el producto de la cosecha para otros en el Sur de Texas, cuando ese territorio pertenecía a México, es decir antes de 1845 o después a principios de este siglo.

Porque mi familia materna es originarios de esa región; mi abuelo fue nacido en Roma, Texas, su familia tenía un rancho ganadero en el Valle del Rio Grande, todavía se conservan documentos de título de propiedad, fierro para marcar ganado, así como una vieja fotografía del abuelo de mi abuelo, montando un caballo blanco, empuñando una pistola de retrocarga como de 40 cm. de tamaño; del tiempo cuando se peleaba por retener ese territorio para México. Otros familiares, incluyendo a mi abuelo paterno trabajaron la tierra en sociedad con otros rancheros a principios de este siglo con ayuda de mi padre y sus seis hermanos en el Condado de Kern.

Al cabo de algunos años de trabajar la tierra mi abuelo sintió nostalgia o desilusión marchando para México, no obstante recibió invitación del Gobierno Estadounidense para que aceptase cambiar de ciudadanía. Tal vez desilusión fue el motivo que lo impulsó a abandonar su empresa y residencia, ya que por ellos o por tradición de otros anteriores a ellos, he sabido de injusticas, humillaciones o denigración de parte de anglosajones, conforme estos fueron invadiendo progresivamente ese territorio que fue el Norte de

71

México; A continuación, algunas cuantas cosas que han llegado a mi conocimiento verbalmente.

1. Se dice que un General Anglo de la Guerra México-norteamericana alentaba a sus tropas diciéndoles: "Quitémosles la tierra a los mexicanos como se la quitamos a los indios"

2. Cuando los Anglos ya estaban en el poder, si a un mexicano, la policía le encontraba una navaja en su bolsa, necesaria a veces para las labores del campo, se le encarcelaba un año en la prisión por cada pulgada que esa midiera, sin previo juicio; podría ser justificado lo del arresto, ¿Pero un año por pulgada?

3. Si algún joven ponía sus ojos en una muchacha anglo, era obligado al destierro, pero aun peor si se atrevía a decirle algún piropo, en ese caso recibía pena carcelaria (Los anglos no acostumbran el piropo, algunos solo emiten un aullido como lobos cuando una hembra les gusta).

4. En una riña interracial al intervenir las autoridades, el culpable invariablemente resultaba ser el nuestro, el otro ni tan siquiera era llamado a comparecer.

5. En restaurantes u hoteles no se daba servicio a la mixta población, había letreros ofensivos como este: "No se admiten perros ni mexicanos".

6. Algunos Jueces de Paz en forma no oficial, pedían pisotear o escupir la bandera mexicana cuando alguien decidía cambiar de nacionalidad, los que reusaban quedaban automáticamente descalificados.

7. Cuando una familia lograba reunir algún capital para comprar una casa, el vendedor que era Anglo argumentaba: "No te puedo vender porque no eres blanco".

8. Hasta situaciones cómicas acontecieron; cuando una madre angla arrullaba a su bebé, le sentenciaba: "Si no te duermes voy a llamar a un mexicano".

Poco a poco todo ha ido cambiando gracias al valor e inteligencia que muchos de los nuestros han demostrado en pasadas guerras mundiales donde perecieron heroicamente o regresaron con medallas. Otros han recibido títulos profesionales con honores en diferentes universidades, además de famosos artistas, músicos, deportistas, políticos, escritores, etc. Todavía se siente un poco de discriminación en contra de los que somos un poco trigueños o no hablamos el idioma inglés a la perfección, pero creo que eso es en menor grado, o cambian de opinión cuando te conocen.

Así que fui mojado, ilegal o indocumentado en tierra de mis abuelos, pero como soy mexicano por nacimiento, no argumenté derechos por herencia sanguínea, solo lo comento a modo de plática: "Lo que pasó, voló", "Lo que no fue en tu año, no fue en tu daño". Ahora se tiene que aceptar los límites territoriales actuales, lo que pretendo es ayudar a cambiar el criterio de algunos ciudadanos de este país del Norte, que tienen complejos tradicionales, ¿Cómo? Con la razón, con la inteligencia y la entereza que tenemos los del Sur del Rio Bravo o los del norte del mismo, pero con las mismas raíces étnicas.

Sembrando Con Música De Acordeón

Cuando mi abuelo trabajó de "mediero" o por porcentaje en Texas a principios de siglo, tenían de vecinos una familia de labriegos de origen sajón, que aparte de trabajar la tierra, gustaban de practicar diferentes instrumentos musicales; ellos fueron amistosos con mi familia, mi abuelo aprendió de ellos a tocar el acordeón, un tío el violín y mi padre el bajo sexto; con esos conocimientos pudieron haber formado un conjunto musical, cosa que no hicieron, el único que se dedicó a esa profesión en edad madura, fue mi abuelo; comenzó tocando valses austriacos, polkas y redoblas, posteriormente le fue introduciendo a su repertorio canciones populares mexicanas, paso dobles y chotis.

Cuando regresó a México por los años 30 formó un conjunto norteño, amenizando algunas bodas en el Estado de Nuevo León; el conjunto contaba de acordeón, bajo sexto, violín y batería; al músico que tocaba el violín le sucedió un percance un tanto cómico una noche que caminaba solo por un camino a oscuras, después de concluir una sesión de trabajo en un pueblo campirano, al caer accidentalmente en una trampa para atrapar coyotes.

Esas trampas consistían en un hoyo de 2 x 2 x 2 Mts. de tamaño, es decir un hueco cúbico bajo la superficie del terreno; a ese hoyo se le atravesaba un barrote o cimbra en medio del cual se colgaba una tapa formada de solero o varas adheridas o tejidas con correas, todo esto cubriendo el agujero en posición de balance; A mediados del templete, encima del hoyo, se ataba un cabrito vivo como carnada; ¡Es de imaginarse el resto!

Josecito el músico, al pasar cerca de la trampa, oyó el balido del chivo, pensando al instante se trataba de un animalito desbalagado o que se había quedado rezagado del rebaño, por lo que decidió rescatarlo, caminando entre el bosque a oscuras, cuando cataplum!; al pisar la trampa en balance, fue a dar con su humanidad e instrumento al fondo del pozo; eso no fue todo, poco después cayó un coyote a hacerle compañía, gruñéndole muy cerca, de inmediato Josecito desempacó su violín dando unos acordes para mantener retirada a la fiera; más tarde otro coyote cayó, total que aquel desvelado músico tuvo que estar tocando su violín el resto de la noche y parte del siguiente día hasta que apareció el ranchero que había colocado la trampa.

Se sabe que el estilo de la Música Norteña en sus raíces fue aprendido de labriegos alemanes y franceses, de ahí su parecido al estilo "Country" norteamericano, eso comprueba que hubo en tiempos pasados, algunos "blancos" sociables y amistosos, tomando en cuenta que no existían (casi) Estaciones de Radio o grabaciones de fácil obtención, por lo que se tenía que aprender directamente del ejecutante original a fuerza de oír su repetición.

Ingenio Campesino en Una Trampa Para Atrapar Coyotes.

Ingenio Campesino En Una Trampa Para Atrapar Coyotes

CAPÍTULO XXX

Familia En Ambos Países

No me siento como los hijos de Las Sabinas de la historia de Rómulo y Remo fundadores de la eterna ciudad de Roma, muchos siglos atrás. Mi padre es originario de Sabinas, Nuevo León, mi abuelo materno nació en Roma, Texas. Vaya doble coincidencia, curiosa situación, no por lo anterior, pero por lo que las mujeres Sabinas de la Historia arbitraron a sus padres, les suplicaron no matasen a los romanos, padres de sus hijos. Al tiempo que a los romanos les replicaban: "Deténganse no maten a nuestros propios padres".

Mi madre tierra es México, mi padre adoptivo podría ser Estados Unidos, pero no estoy en situación incómoda; soy mexicano con familia ídem, así como con parientes bastante allegados de estadounidenses. Un pequeño resumen es: Un tío y una tía hermanos de mi madre, ciudadanos estadounidenses; un hermano, una hermana, tíos, primos y sobrinos residentes en Texas, California, Illinois, u otros Estados; total que en San Francisco, Salinas, Oxnard, Los Ángeles, Riverside, Indio, Lubbock, San Antonio, Huston, Dallas, Laredo, Rio Grande, Chicago, más otras ciudades o pueblos, radican algunos de mis consanguíneos. En México tienen su residencia mis padres, hijos, hermanos, primos, tíos, etc.

Respecto a los que son ciudadanos estadounidenses, especialmente los jóvenes, no quieren saber nada de México, su historia o su cultura, aclarando que no es su culpa, por ser educados acá, habiendo cierto desdén por parte de otras razas a todo lo que suene hispano, o por ser algunos de ellos mestizos de personas de otras razas. Sin embargo, hay algunos nacidos acá, que gustan de la comida, música o tradiciones del país de sus abuelos, procurando estar en contacto con sus parientes del "otro lado".

Otros, los más viejos por ser emigrantes, como el que escribe, soñamos con volver a la Tierra del Sol algún día al jubilarnos, aunque a veces pasa que se echan raíces como árbol trasplantado, siendo sumamente difícil arrancarlo sin el peligro de que se seque.

De todas formas, los nacidos acá o allá somos Americanos, de América Continental, que queremos a México, pero estimamos a Estados Unidos; muy cómodo sería poder pensar bolivianamente, como Simón Bolívar lo hizo, cosa utópica, pero como seres racionales debemos acatarnos a las Leyes Internacionales, pero más que todo a la Ley Universal, admitiendo que solo existe un Juez Supremo y Eterno.

CAPÍTULO XXXI

Aprendiendo El Idioma Y Legalizándome.

Era ya el año 1979, había pasado cuatro años teniendo apuros con "La Migra" y los empleos, en ese lapso había aprendido a conseguir mejores trabajos; podía llenar solicitudes en inglés, pero a la hora de la entrevista con el jefe de personal, se me escapaban buenas oportunidades por no poder comunicarme normalmente.

Por esos días tomé un puesto estable en un almacén de telas para tapicería, ahí los compañeros eran bilingües, no teniendo dificultad en la vida diaria de labores; casi todos eran nacidos acá, por lo que preferían conversar en inglés entre ellos, dejándome a mi sin poder captar ni tan siquiera un 25% de lo que hablaban, fue entonces cuando empecé a tomar clases del idioma como Segunda Lengua en una escuela nocturna.

Recuerdo con gratitud a la profesora Taylor, quien me proporcionó las reglas gramaticales esenciales, ella enseñaba todo, en el buen sentido de la palabra, tenía vocación de verdadera maestra, era una persona culta, sabía que los valores humanos no tienen nada que ver con los valores materiales; su interés era que hubiera muchas personas bilingües como ella lo era, nos hacía repetir constantemente las palabras difíciles, nos alentaba a estudiar con entusiasmo. Después de asistir a clases durante seis meses, sentí que había avanzado bastante por lo que continúe haciéndolo mientras el horario de trabajo me lo permitió. Ahora no tengo un doctorado en gramática, pero puedo sostener una conversación sin muchos tartamudeos, aunque reconozco que aún me falta mucho para considerarme una persona totalmente bilingüe.

Al poder comunicarme totalmente en inglés, logré conseguir un mejor empleo, pero tenía la ciudad por Cárcel Voluntaria, si salía de ella corría el riesgo de ser arrestado por el Servicio de Inmigración, por tal permanecí dentro de los límites citadinos, pasando lentamente otros cinco años sin ser arrestado, aunque con una sensación de estar acorralado.

Tiempo atrás había hecho mi solicitud para obtener la Residencia Legal, finalmente en 1985, a diez años de haber ingresado ilegalmente por primera vez, recibí la esperada cita para presentarme al Consulado Estadounidense en Tijuana. Durante mis primeros años de residencia ilegal en el país había sido arrestado por el Servicio de Inmigración aproximadamente en 15 ocasiones, aunque no había sido detenido una vez en los últimos años, que en total fueron 10, estaba cansado de vivir sin entera libertad, ahora estaba a punto de salir de esa incómoda situación o empeorarla o era aceptado o rechazado.

Al entrar a las oficinas del Consulado me sentía nervioso, como novio en el atrio de la Iglesia, para ser aceptado mucho dependía del empleo que en esos días tuviera; este no estaba mal, ganaba casi el doble del salario mínimo como conserje en una Escuela Católica Elemental, donde la Directora era Sister Dona y el Párroco Monseñor Charles Boyer (que no es lo mismo: "El perro de Charles Boyer" que "voy a echarles el perro", Ja.); Además de estar a las órdenes de la Hermana Dona, en mis horas libres hacia reparaciones a los edificios de otras dos escuelas privadas del vecindario.

El Cónsul en Tijuana (era una mujer), tenía mi expediente en sus manos cuando entré a su despacho, empezando a leer en voz altar mientras yo escuchaba mis faltas, esperando fueran consideradas como involuntarias o travesuras: varias veces arrestado por el Servicio de Inmigración, haber sido detenido por la Policía de Caminos en Fresno; lo primero, comentó ella no me afectaba en absoluto, puesto que en cada detención había firmado mi Salida Voluntaria, lo segundo tampoco por no haber cometido delito, solo falta a las Leyes de Tráfico (manejar despacio). Lo más curioso fue cuando ella examinó mi último reporte de impuestos sobre ingresos, al darse cuenta que yo hacía reparaciones en escuelas, por mi cuenta exclamó: "Oh, tú tienes negocio propio" "Pequeño", respondí, con sorpresa de mi parte (ignoraba que un "Maestro segundón" pudiera ser considerado como empresario ante la Ley Fiscal); Por tanto de inmediato, el Cónsul aprobó se me autorizara la Tarjeta Verde (Green Card), que así la llaman todavía, aunque hoy es de color blanco y rosado; ha un día de haber salido de E.U., viviendo 24 horas de incertidumbre con una sola palabra de ésta dama todo quedaba solucionado.

Despidos de muchos años, pasar por la Garita Internacional sin ningún temor, prisa o aprensión, era un alivio.

CAPÍTULO XXXII

Libre, Con Bajo Ingreso.

Como decía, había logrado ser aceptado como residente legal en E.U.A. se me habían terminado los problemas con La Migra, tenía un buen trabajo en la escuela privada, solo que llegó procedente de Irlanda un sobrino del Director del Plantel al cual le dieron mi puesto quedando yo vacante.

Mi situación era ahora diferente, me sentía más libre que nunca, sin temor de ser aprehendido a la vez que eventualmente se me facilitaría más conseguir empleo por poder comunicarme fácilmente en inglés, pero no fue así. Muchas cosas habían cambiado a mi alrededor, empezaba a producirse desempleo, escasez de vivienda y carencia de alimentos; en la década pasada habían llegado muchos inmigrantes principalmente de Vietnam, China, Medio Oriente, Centro América y México.

Hice algunos trabajos eventuales, desde repartir Pizzas a domicilio hasta entregar directorios telefónicos casa por casa, para entonces regresar a la fabrica de empaques de plástico en Glendale, con mi amigo Renie Escandón, ganando el salario mínimo de nuevo, pero seguro.

Era tiempo de idear un modo mejor de ganarse la vida, fue cuando recordé que en mi juventud manejé un pequeño autobús pueblerino en México, por lo que opté por tomar un entrenamiento para conducir un autobús escolar, los que por su tamaño y aspecto se asemejaban al de mis recuerdos por caminos polvorientos de mi tierra natal. Me enrole con una compañía particular que tenía contrato con el Distrito Escolar de Los Ángeles; así empecé a trabajar para ellos unas 5 o 6 horas diarias, pagándome el doble del salario mínimo, por ser pocas horas de trabajo no estaba tan bien, pero era el inicio de otro futuro plan.

Se trataba de obtener práctica, así como un buen récord de manejo como chofer profesional, lo cual cuenta enormemente para solicitar luego empleo en empresas más grandes. Eso fue lo que logré pasado dos años, colocarme en una compañía de autobuses del servicio urbano en una ciudad dentro del Condado de Los Ángeles. Fui aceptado a pesar de haber cumplido 48 años de edad en virtud de que según la Ley Laboral no debe existir discriminación por razón de sexo, religión, edad o color de la piel, en teoría por supuesto, ya que si la hay es muy difícil comprobarla, podrían argumentar que el aspirante no habla correctamente el idioma oficial u otra cosa; haciendo justicia a otros, agregaré que gracias al buen comportamiento que otros hermanos de raza han tenido en el desempeño en su trabajo anteriormente, fue una de las razones por la que fui aceptado.

Así es, ahora soy empleado público, laboro para el Gobierno Municipal de una de tantas ciudades juntas una de otra en el condado, a la cual pertenece la empresa transportista. Una cosa curiosa me pareció el hecho de que me dieran a firmar un documento cuando empecé a trabajar para ellos, el cual era un Juramento de Lealtad, por el cual me comprometía a defender dicha ciudad de cualquier ataque verbal o físico a sus propiedades.

CAPÍTULO XXXIII

La Gallega Y El Genio

Cuando estaba manejando el autobús escolar una temporada me tocó transportar un grupo de niños deshabilitados tanto física como mentalmente, entre ellos habla un niño autista, que es una rara deficiencia del cerebro, del cual solo una pequeña parte funciona normalmente, contándose unos cuantos individuos entre un millón de seres. Ese muchacho no entendía nada, no hablaba, no sonreía, pero tocaba el piano maravillosamente, se sabía de memoria varias partituras de los grandes Maestros Clásicos. Una tarde platicando con la madre de ese joven, originaria de Galicia, España me comentó lo siguiente:

Yo.—Tengo entendido que para los iberos es muy difícil obtener Visa de Inmigrante, actualmente. ¿Es verdad?

Ella.—¡Bastante difícil hombre!, mi padre la consiguió por la Ley del Millón de dólares.

Yo.—¿Ley del Millón de Dólares, como es eso?

Ella.—¡Vamos!, si tienes plata, te aceptan fácilmente acá. El Reglamento del Servicio de Inmigración y Naturalización señala que si la persona aspirante puede traer consigo ese dinero al solicitar la Visa, será automáticamente aceptado.

Yo.—Si tu padre tenía tal capital, ¿Que no le era más conveniente invertirlo en su patria para vivir cómodamente allá?

Ella.—Por qué es comerciante, fue que vinimos, ahora él se dedica a la importación de productos españoles como: Aceite de olivo, alcaparras, vinos, embutidos, manteles, ropa de cama y de vestir hechos o bordados a mano, etc.

Al continuar la conversación noté que en lugar de pronunciar la palabra YO, decía CHO, al preguntarle la razón de eso, dijo que era un modismo aprendido de su madre, la que era originaria de otra región de la Península; al mismo tiempo ella a mí me corrigió asegurando que en correcto Castellano la mencionada palabra, no se pronunciaba "YO", sino que "IO".

Es muy raro encontrar personas de origen español venidos recientemente salvo algunos profesores del idioma, sacerdotes, cuidadores de ovejas o cantantes; lo que si se observan son algunos "anglosajones" con apellido hispánico, posiblemente son mestizos con Anglo, descendientes de los primeros exploradores que vinieron a estas tierras 400 años o más atrás, sin olvidar que algunos ibéricos y sus descendientes americanos tienen raíces caucásicas.

CAPÍTULO XXXIV

Idiomas, Dialectos Y Zapotecos

Ahora manejando el autobús urbano, frecuentemente escucho a mis espaldas gente hablando español en diferentes tonos y acentos, desde todos los matices de México, Centro y Suramérica, hasta los muy marcados acento cubano, puertorriqueño o caribeño en general. También se escuchan conversaciones en idiomas extraños, sonidos guturales, nasales y dentales; por el área donde transito es muy común oír gente hablando persa, hebreo, Hindú, Árabe, Chino, Coreano, o Mixteco y Zapoteco. Efectivamente, hay muchos paisanos de Oaxaca acá, algunos hablan muy mal el Castellano o casi no lo usan, puesto que como es sabido, entre ellos prefieren comunicarse en su lengua, aunque varios de ellos hablan inglés fluidamente el cual han aprendido en escuelas nocturnas gratuitas.

Estos compatriotas, los oaxaqueños se están abriendo camino a base de tenacidad de trabajo, paso a paso. La mayoría trabaja en restaurantes como lavaplatos o ayudantes de cocina, algunos han aprendido a elaborar desde hamburguesas, pizzas, hasta comida china o francesa. El salario mínimo con lo caro que esta la subsistencia no alcanza, mayormente cuando hay hijos, pero ellos usualmente trabajan dos turnos en dos negocios diariamente en virtud de que las vacantes para esos puestos siempre las hay, ya que a los ciudadanos de este país no les interesan esos trabajos; de lo anterior se puede deducir, que si los mexicanos o centroamericanos no vinieran a desempeñar esos empleos, muchos negocios de comedores u hoteles, tendrían que cerrar sus puertas, bajando por ende la economía regional y nacional. Son cientos de miles los paisanos de todo México que trabajan en el ramo del servicio, pero los de Oaxaca, casi en su totalidad se desempeñan dentro de él, o en los campos agrícolas.

Pacientemente como a ellos les caracteriza, están progresando ayudando a sus familiares y esposas a venir desde sus pueblos a veces bastante remotos; se ven pasar en grupo o en pareja, con hijos nacidos acá; también en el campo agrícola se puede encontrar a los "Oaxs", como en confianza les llamamos, trabajar arduamente; algunos dueños de ranchos en California u otros Estados los prefieren a ellos como trabajadores, entre otros mexicanos, por razón de que nunca protestan por injusticias, trabajando las horas que el patrón ordene y por el sueldo que tenga a bien pagarles; son sufridos y abnegados por lo que algunos "vivillos" se aprovechan de ellos; la mayoría de los Zapotecos prefieren trabajar en la ciudad, lo que los Mixtecos les agrada más el campo agrícola, también los hay entremezclados individuos que hablan otro dialecto diferente de los 7 que se practican en Oaxaca.

En California más o menos por número o proporción, los inmigrantes de México proceden en el siguiente orden: De Michoacán, Zacatecas, Sinaloa, Nayarit, Jalisco, Durango, Sonora y Oaxaca. Por la región oriental (Texas u otros Estados), los grupos dominantes son de Chihuahua, Coahuila, Nuevo León, Tamaulipas, San Luis Potosí y otra vez Oaxaca.

Cabe agregar que además de México, hay en este país cientos de miles de inmigrantes procedentes de El Salvador, Guatemala, todo Centro América y países Suramericanos. Posiblemente la 3 era. parte o más de esos grupos, es de mujeres dedicadas al Servicio Doméstico y Talleres de Costura; Estos americanos del sur están mayormente concentrados en las grandes ciudades dedicados a desempeñar labores de la escala más baja salarial, revitalizando o haciendo funcionar la economía desde sus mismas bases; también de esos países ha venido un considerable número de profesionales y técnicos, aceptados por sus conocimientos en una forma fácil y rápida.

C A P Í T U L O   X X X V

Trabajos Agrícolas Que Conozco

Hare un pequeño resumen de unas cuantas faenas agrícolas que me tocó desempeñar en mis primeros años como inmigrante.

Corte de uva.

Hay tres clases de pizca: la de Tabla, la de Marqueta y la de Vino.

La de Tabla consiste en cortar los racimos de fruta madura, llenar con ellos una bandeja para luego desparramarlos sobre un papel del tamaño de un pliego de periódico extendido (la Tabla), dejar esos pliegos alineados a la orilla del surco para que la fruta seque a la luz del sol brillante de otoño hasta convertirse en pasa en forma natural; Se tiene que trabajar apresuradamente, ya que según los pliegos (tablas) que se llenen, será el pago recibido, pocas son la personas que logran sacar más del salario mínimo en 10 horas de trabajo.

La de Marqueta es la más bien pagada por ser la uva de mejor calidad, que al momento de cortarse se empaca en cajas especiales que van directamente a la venta al mercado (Market).

La de Vino es desempeñada por una cuadrilla de 3 o 4 hombres los que tienen que llenar una góndola de dos toneladas la que es remolcada por un tractor, siendo este el más mal pagado de las tres clases de pizca, por ser la uva de menor calidad, creo.

Corte de tomate.

El de Marqueta. Igual sistema del corte de uva.

El de Empaque. Se cobra por cubetas llenas, agachado y corriendo todo el día para sacar un modesto pago.

El de Máquina. La máquina lo corta directamente de la planta, luego por medio de bandas transportadoras lo sube y descarga en un camión que va a un lado rodando a la misma velocidad, la función del trabajador consiste en descartar la fruta verde, reventada más algunas ramas de la planta, mientras pasan por la banda principal.

La lechuga.

Al arrancarse, rápidamente con una cuchilla se le desprenden las hojas de afuera, entonces se arroja como pelota a otra persona que en un camión la acomoda, hay que lanzar muchos "streighs" durante el día. Otro sistema es mecánico en el cual los cortadores depositan las cabezas en una banda transportadora trasera de una maquina en movimiento que las traslada hacia un lado donde otras personas la empacan en cajas.

Cítricos, aguacate, durazno y otros.

Todos estos productos se cortan en una forma parecida por medio de una escalera y una bolsa de lona colgada del cuello; en esta faena se requieren personas de bajo peso, jóvenes y agiles para que resistan la fatiga de subir y bajar cientos de veces la escalera, durante la jornada; se cobra por el número de bolsas que se hayan logrado llenar; algunas jóvenes mujeres llegan a trabajar por la mañana muy peinadas y pintadas, en la tarde al terminar el turno de trabajo, es difícil reconocerlas, despeinadas y chorreadas, pareciese que las hubiesen metido en una lavadora de ropa, sin haberles enjuagado.

Corte de cebollín.

Es un trabajito que parece de lo más fácil y agradable; en una hectárea de cultivo pueden trabajar 50 hombres al mismo tiempo, sentados o hincados extraen de la tierra, previamente aflojada por el arado, las cabecitas con las cuales se hacen manojitos de una docena que se atan por medio de una liguita; a las tres o cuatro horas de estar en esa posición se entumen las piernas no pudiendo pararse sin sentir un gran dolor.

Limpia de algodón.

Esta es la labor más fácil que he desempeñado en el campo que consiste en limpiar de yerbas los surcos a la vez que desahijar la planta cuando tiene unas 5 o 6 semanas de nacida, por medio de un azadón pequeño y liviano; algunos estudiantes de ciudades circunvecinas participan en estas labores que se acoplan a sus vacaciones de verano; el horario es como de oficina de las 8 de mañana a las 5 de la tarde, con una hora de intervalo para la comida.

Existe una gran variedad de actividades agrícolas, desde preparación de la tierra, siembra, escarda, riego y cosecha; casi todo se hace con maquinaria sentado operando tractores, piscadoras o trilladoras. Un par de semanas, una ocasión, me tocó operar un tractor con cabina cerrada, aire acondicionado y radio pareciera más bien que me estaba divirtiendo en lugar de sembrando la tierra.

Ilegales, Mojados O Indocumentados

Se habla de cientos de miles de ilegales detenidos diariamente de los cuales el "filtro" de La Migra deja pasar un porcentaje acorde con la necesidad de mano de obra en campos agrícolas, factorías o ramo de servicio en California u otros estados de la Unión; también esa admisión disimulada va de acuerdo con la época del año o estado general de la economía, a más demanda de trabadores, menos vigilancia en la frontera o viceversa.

Entre esos miles de inmigrantes hay mezclados muchos Centro y suramericanos que se hacen pasar por mexicanos, además de otros del Medio Oriente, Italianos, Griegos, Rumanos, Pakistanís, etc., es decir muchos que tienen aspecto de latino tratan de pasar, aparentando venir originalmente de México; estas personas llegan procedentes de sus países, primero a México con Visa de Turista para después tratar de pasar la frontera vía terrestre, yo he encontrado varios de ellos en el Centro de Detención del Servicio de Inmigración de Chula Vista, San Ysidro e Indio, California, por su mirada inquieta y su nulo conocimiento del idioma son detectados. Pocos años atrás detuvieron en la frontera texana un grupo de vietnamitas que hasta sombrero de campesino suriano se habían colocado, en su afán de pasar disfrazados, pero por obvias razones no lo lograron. Otra ocasión en Fresno, California me encontré con tres sajones (alemanes) que conversaban en perfecto castellano, a mi pregunta del porque habían sido detenidos a pesar de su aspecto, uno de ellos contestó: "Somos mexicanos de la Colonia Menonita de Casas Grandes Chihuahua, estábamos trabajando en un rancho, pero mis compañeros se pusieron a pelear entre sí, la Policía nos detuvo y como no hablamos inglés nos entregó a La Migra" Los que con más frecuencia son detenidos en esos Centros son los centroamericanos, pero los hay de las partes más remotas del mundo entero. Cuando se habla de ilegales toda la gente piensa en los mexicanos, pero del total de personas sin documentos en EUA., solo una cuarta parte son de México el resto procede de todo el globo, incluyendo muchos europeos y asiáticos.

Un caso increíble ocurrió en Mayo de 1992, cuando detuvieron un Barco Chino con un cargamento de personas ilegales procedente de China Continental, a los que les estaban cobrando de 20 mil a 30 dólares a cada uno por traerlos; varios de estos individuos habían invertido todo el ahorro de sus vidas, otros habían empeñado propiedades con la ilusión de venir a radicar a tierra americana; no obstante lo insensible que aparentan ser los orientales, esta vez no pudieron contener las lágrimas al ser entrevistados por los reporteros de noticias; al ser interrogados los navegantes del barco, se pudo saber que no era el primer cargamento de ésta clase que efectuaban, ni el único barco que hacía esas operaciones, sino que ya habían traído anteriormente muchas otras personas sin ser detectados. Varios de esos barcos han atracado en Nueva York, San Francisco, San Diego, San Pedro, más otros puertos con miles de personas sin ser interceptados, un poco raro ¿no? Por proceder de un país comunista estas personas son aceptados como Refugiados Políticos, otros contraen nupcias con chinas-americanas facilitándose la legalización en forma rápida; un caso un tanto curioso al respecto ocurrió en San Francisco cuando un grupo de chino-americanos protestó en contra de la aceptación de esos inmigrantes argumentando competencia de empleo en restaurantes o pequeños negocios de reventa de toda variedad de artículos, a la vez que se quejaban de que los recién llegados, jóvenes y solteros, les ganaban oportunidades amorosas con hembras de su raza nacidas acá, esto pasó en San Francisco. ¡Muchos hombres, pocas mujeres!, se repite la historia de 1849, en la misma ciudad.

¿Violación, o violación? Violación es una palabra muy fuerte. Acción y efecto de quebrantar, se define en Larousse. El inmigrante ilegal quebranta la Ley cruzando la frontera sin documentos; el procedente de México lo ha hecho por cientos de años, aparentemente en complicidad con patrones de E.U. que han precisado de su mano de obra valiosa, eficaz, barata, oportuna, etc.; Pero no solo por esos empleadores ha sido ese—incumplimiento de ley estimulada, sino que quizá también por las autoridades de inmigración en forma de tolerancia al actuar disimuladamente en puestos de inspección o patrullaje, mayormente en tiempos críticos, pero violación física, biológica, aunque es el mismo verbo, supone violencia, abuso, una acción criminal. Por tanto, el que cruza la frontera ilegalmente hace una violación blanca, casi inocente; la otra clase de violación es un feo delito y de color subido.

Es conocido el hecho de que el trabajador indocumentado mexicano ha sido en E.U. bien recibido en general, creo que hasta apreciado su ingreso por patrones y gobernantes, como a un hijo adoptivo que se quiere pero que cuesta trabajo admitirlo. Hace unos 20 o más años era muy fácil ingresar ilegalmente a E.U.A., pero últimamente la situación ha dado cambios al respecto haciendo más hermética la Frontera, así como exigiendo documentos de identificación oficiales a los solicitantes de empleo. La razón de estos cambios recientes es simple y compleja a la vez; simple porque en realidad existe recesión en E.U.A. aunque no total; compleja en mi opinión, por tres puntos: 1ero Lo difícil de la llegada, por mar y aire muchos ilegales europeos, asiáticos, caribeños, sudamericanos, etc. 2do. La mecanización está desplazando muchos puestos de empleo, sin ser pesimista pero realista creo que esa tendencia a la automatización, podría ser un problema gigante en el futuro. 3ero La gran importación que hace este país en automóviles, aparatos eléctricos y otros artefactos, principalmente de Países de Oriente que están dando al traste con compañías americanas, mientras otras prosperan.

Lo cómico—cínico de algunos políticos al querer ganar o mantener algún puesto público, es culpar el inmigrante mexicano de casi todos los problemas internos, sin tan siquiera mencionar a los millones de individuos procedentes de todas partes del mundo de piel amarilla, blanca, negra, morena, etc. El reportero Patrick

J. McDonnell, de Los Ángeles Times, en la Edición de 11-20-94, comenta: "Esos que se quedan con Visas (de Turistas), quienes hacen al menos la mitad de los inmigrantes ilegales nacionalmente, encaran el mismo problema como esos que brincan la frontera. Las familias de europeos, Canadienses, Asiáticos y otros que violaron la estadía de sus visas, incluye muchos niños nacidos en E.U."

Espero que no salga embarazado un político (ca) y culpe a un inmigrante ilegal, a un "latín lover", aunque no necesariamente menciona la palabra Violación, la de "color subido."

CAPÍTULO XXXVII

Los Agentes De Inmigración

Los Oficiales del Servicio de Inmigración y Naturalización—
(SIN), Border Patrol (Patrulla Fronteriza) o "Migra" como en
sobrenombre se les llama, son buenos, malos o indiferentes; en lo
personal casi siempre he sido tratado bien o más que bien al grado que
en dos ocasiones me han invitado a comer a restaurantes, supongo
cuando a ellos les ha dado hambre me han llevado, pagando ellos
de su bolsa; jamás me han golpeado e empujado; muchos gustan de
conversar de temas generales o de sus esposas e hijos, ellas algunas
de origen mexicano, con las que han aprendido a comunicarse en
castellano. Otros son un poco déspotas, como uno que me arrestó
en Houston, Texas. Ese Agente me hizo dar unos tragos amargos;
primeramente, me llevó a Lafayette, un pueblo en las periferias
de la ciudad, donde tenía su casa particular, lo sé por qué antes
de conducirme a la carcelita del lugar, pasó a saludar a su esposa y
mostrarle su "pieza de cacería" (mi persona); en esa pequeña cárcel
me hicieron pasar una fría noche en ropa interior con una banca de
cemento por cama en pleno invierno; al día siguiente el Agente pasó
a recogerme, conduciéndome a las Oficinas de Inmigración donde
me tomó fotogramas y huellas digitales ordenándome siempre todo a
gritos, llevándome después a la Grande (Cárcel Federal) en el Puerto
de Galveston, de alta seguridad, bajo tres puertas de hierro y dos
rejas, donde por una ventanilla me pasaban la comida con fuerte olor
a medicina o droga, quizá hasta hicieron experimentos conmigo (era

en tiempos de la Guerra de Vietnam); a las pocas horas de estar ahí, metieron a mi celda a un joven negro que se negaba rotundamente ingresar al Servicio Militar. Después de estar tres días allí el muchacho no sólo había cambiado de opinión, sino que estaba ansioso de ir a los campos de batalla de Asia. Me tuvieron preso por quince días para luego, junto con otros treinta compañeros, nos colocaron en un viejo avión bimotor, que daba tumbos en el aire, con destino a Brownsville, Texas, para entonces cruzar el Puerto Internacional caminando hacia Matamoros, Tamaulipas.

Pero repito, la mayoría de los oficiales son buenas personas, como un rubio de ojos azules que me arrestó en Calexico, California, el cual era muy conversador, pronunciando el Castellano sin acento alguno, por lo que al hacérselo saber, contestó: "Fui nacido en Montemorelos, Nuevo León, a corta edad mis padres me trajeron a California, por lo que ahora soy ciudadano de este país"; ese oficial me hizo una "balona" (favor), que consistió en permitirme quedar en Mexicali, B.C. puesto que en esas fechas todo individuo que era detenido, era enviado, en combinación con autoridades mexicanas hacia el sur (León, Gto.), a mí en esa ocasión me correspondía efectuar el viajecito forzado, pero ese caballero tuvo esa especial consideración hacia mí.

Actualmente los oficiales de Inmigración son a diferencia pasado, de diferentes razas; cumpliendo con el requisito de ser bilingües, aparte de México-americanos, los hay nacidos al sur de la Frontera, latinoamericanos, caribeños, también hay hermanos negros y orientales, algunos de ellos nacidos en un país hispano, siendo su lengua madre lo que facilita su trabajo. La mayoría son estrictos en su deber, aunque condescendientes, siempre proceden cortés y amablemente.

CAPÍTULO XXXVIII

Empleos Que Los Nacionales No Desean

En campos agrícolas de todo el país, según estudios que se han hecho, el cultivo y cosecha de todos los productos alimenticios son desarrollados en un gran porcentaje por miles de mexicanos venidos legal o ilegalmente, así como por anglosajones que casi siempre son mayordomos, operadores de maquinaria o mecánicos, aunque ocasionalmente se ve a alguno de ellos trabajar de peón a la par de los primeros, por ser esas personas de origen campesino también (country boys). El trabajo agrícola es rudo, casi siempre pesado, pagan el salario mínimo o menos cuando se tiene que trabajar a destajo, cobrando por piezas o unidades de medida que se logren hacer, por lo tanto para completar dicho salario se tienen que laborar 10 o 12 horas diarias normalmente; por lo anterior, por falta de vivienda adecuada, por estar expuestos a los rigores del clima, es una ocupación que no atrae a los nacionales, que prefieren estar desempleados recibiendo ayuda gubernamental, no todos por supuesto. También algunos indoamericanos, negros u otras razas trabajan como peones o poseen pequeños ranchos que trabajan personalmente.

Otras áreas que a los ciudadanos de este país no les interesa mucho, son pequeñas factorías, donde se labora manualmente o con escaza maquinaria; restaurantes como lavaplatos o ayudantes de cocina; Hoteles como conserjes o recamareras; Hospitales u hospicios como afanadoras o barrenderos; Talleres de Costura donde muchos inmigrantes son explotados; trabajadoras domésticas, donde la mayoría son centroamericanas; jardineros que son llevados a varias residencias en pocas horas por contratistas, los cuales—pagan poco, en cambio ellos cobran un alto precio por jardín arreglado, sacando un buen dividendo con el esfuerzo de estos penes dispuestos a dar toda su energía; algunos de estos contratistas son orientales, pero también los hay latinos que se aprovechan de sus hermanos recién llegados, sacándoles la mayor ventaja posible.

Todos esos trabajadores de la escala salarial más baja la gran mayoría son indocumentados, pero antes de recibir su pago se les descuenta los respectivos impuestos, más la cuota del Seguro social, Seguro de Desempleo, etc. Parte de estas deducciones serán utilizadas por el Gobierno para ayudar a personas desempleadas, ancianos, incapacitados o madres solteras, en forma de cupones para alimentos, atención médica, ayuda para alquiler de vivienda o efectivo en algunos casos.

La mayoría de los indocumentados no recibe ningún beneficio de los que podría tener derecho, por cooperar con sus deducciones. Los que si aprovecha esos beneficios al máximo son inmigrantes de Asia, Medio Oriente u otros países que han sido aceptados como refugiados políticos, no obstante, nunca haber trabajado en este País, mucho menos haber cooperado con lo más mínimo en impuestos; Lo más aberrante es que cuando el Presupuesto Estatal o Federal está en déficit, algunos políticos faltos de escrúpulos lanzan su acusación a los indocumentados, injustamente.

CAPÍTULO XXXIX

Trabajos Eventuales

Después de haber trabajado en la agricultura por un lapso de dos años, viendo que las cosechas eran empleos temporales, había optado por radicarme en la ciudad los últimos años, pero en ocasiones las empresas donde laboraba sufrían altas y bajas causándome quedar desempleado. Fue en esos intervalos de una labor a otra, cuando incursioné en diferentes trabajos eventuales, como sigue:

Repartiendo directorios telefónicos.

Como las compañías telefónicas, cada seis meses al renovar su guía de teléfonos, contratan para su distribución domiciliaria empleados eventuales por un lapso de 6 a 8 semanas, con un pago por pieza entregada, siendo el sueldo recibido de acuerdo con lo entregado por el trabajador o la cantidad de horas invertidas, los únicos inconvenientes son la lluvia o algún perro bravo que aparece inesperadamente.

Vendiendo ollas de aluminio.

Un tiempo atrás se establecieron varias agendas para la ventas de ollas de aluminio entre la población latina, puerta por puerta, a crédito; la mercancía era de calidad, bastante gruesas, solo que por el precio estaba muy inflado, a propósito, dice un refrán popular que "el hispano compraría el tren si se lo fiaran", tal vez eso es exagerado, lo cierto era que para el vendedor era fácil efectuar la venta, pero cuando el cliente se percataba de lo caro que estaba el artículo o se negaba a pagar o lo devolvía, las agendas fracasaron.

El mercado de pulgas.

Un amigo me pidió le ayudase en un puesto de artículos usados en un Mercado al aire libre; estos establecimientos temporales, disculpando la contradicción, han sido de gran ayuda para los recién llegados. Con poco dinero se puede amueblar una casa o vestirse; ocasionalmente se consigue algo coleccionable, una vieja pintura, un valioso libro, un disco original, objetos de plata o cristal puros, que es como encontrar oro entre las arenas de un rio. Muchos paisanos sacan el sustento diario recorriendo las calles, recogiendo de las aceras diferentes objetos o aparatos que algunas personas sacan a la calle para deshacerse de ellos; en barrios de gente acomodada a veces tiran o sacan a la calle—objetos de valor: Una bicicleta por tener una llanta reventada, una máquina de escribir por tener la cinta gastada, aparatos en buenas condiciones de funcionamiento como televisores, tocacintas, calculadoras, estufas, refrigeradores, de todo.

Otras funciones que eventualmente he hecho son: Mensajería, Paquetería, Camión de Venta de helados, Reparto de propaganda impresa y Entrega de pizzas de domicilio, esta última ocupación produce buena comisión según lo conocido del producto o la habilidad de conducir un automóvil, para poder repartir la mayor cantidad en el menor tiempo posible.

Existen muchísimas oportunidades de trabajar independientemente, hasta permanente, según la astucia, ingeniosidad o disposición de la persona

CAPÍTULO XL

El Estado Más Rico Del Mundo

Se ha dicho que California es el Estado más rico de la Unión Americana, que si fuera país independiente ocuparía por su economía el lugar 70 en el mundo, eso, gracias al trabajo físico en parte, del gran número de inmigrantes mexicanos que durante los últimos 200 años no ha parado de estar viniendo temporal o en forma definitiva a quedarse, echando raíces en estas tierras. Se puede asegurar que el mexicano primero como colono, fundador de misiones, pueblos, abriendo caminos, creando las primeras fuentes de riqueza en ganado y labranza; luego el inmigrante trabajador con su esfuerzo sostenido ha hecho rico este Estado; todo rancho, fábrica o empresa progresan siempre con la energía del empleado, el dueño o patrón no puede hacer todo sin ayuda, lógicamente. En general no se ha querido reconocer ese callado esfuerzo o se ha tratado de ignorar, menospreciando lo que los nuestros han aportado por siglos, sin embargo, algunas voces se han escuchado valorándolo, incluyendo documentales por televisión en el Canal Cultural No. 28 (KCET), de Los Ángeles.

Cuando los colonos mexicanos vinieron en 1769, empezaron a desarrollar estas tierras semi-vírgenes con la cooperación de los nativos en una forma más o menos pacífica, logrando gran producción ganadera, agrícola e iniciando la explotación minera, riquezas y conocimientos que fueron aprovechados al máximo por los anglo-americanos cuando tomaron posesión del territorio.

Mi opinión personal es que el mexicano fue la base de la pirámide económica de California, ayudando por siglos, en la construcción de esa obra hasta la cúspide, que después del español que fue el primer extranjero que llegó a estas tierras a trabajarlas, como se puede saber por medio de la historia de Las Misiones.

Estas tierras cambiaron de posesión en 1848, los acontecimientos siempre los narra el vencedor, pero la verdad no se puede ocultar quedando siempre latente. El México-americano está consciente de lo anterior, si antes estuvo desunido, no lo está más, en la actualidad está luchando por ello, haciendo alianza con hermanos latinos provenientes de otros países con el fin de lograr representación política que a la fecha tiene poca; como alguien dijo: "El Gigante empieza a despertar"; se habla del voto conservador, del voto liberal, del voto judío, del voto negro, pero también se menciona al voto hispano.

En las siguientes páginas recorreremos históricamente desde que California fue colonizada hasta que fue separada de México, junto con todo el territorio norte, no para abrir heridas, sino para cauterizarlas con ecuanimidad, coraje para reconocer nuestras fallas, así como para no culpar a los que no lo son en el presente.

Mapa De México Antes De La Invasión Norteamericana En 1846

Las Misiones En Alta California

Aunque Alta California fue explorada por españoles desde antes de 1600, no fue hasta 1769, cuando un grupo de mexicanos criollos y mestizos, encabezados por comandantes y Frailes Ibéricos se lanzaron a la odisea de colonizarla.

Esa expedición viajó por tierra desde Loreto, B. C. hasta San Diego por dos meses, por mar vinieron dos barcos con abastecimientos, ganado e implementos; en la caminata muchos murieron de fatiga, desnutrición o sed, otros desertaron, los barcos que llegaron debieron ser tres, uno naufragó, los dos restantes perdieron algunos marineros al ser embestidos por una tormenta, logrando difícilmente atracar, pero la empresa prosiguió.

Al mando de la expedición venía el Teniente Coronel Gaspar de Portola, acompañado entre otros por el Capitán Fernando de Rivera y Moncada, Fray Junípero Serra y Fray Crispí; Fray Serra se quedó en San Diego ocupado en la edificación de la Misión, mientras parte del grupo continuó su caminata hacia el norte, al llegar al área de lo que hoy es el condado de Los Ángeles, Fray Juan Crispí escribió sus primeras impresiones de esta manera: "Debimos haber viajado tres leguas el día de hoy. El llano por donde corre el rio es muy extenso. Tiene muy buena tierra para el cultivo de toda clase de grano y semilla, y es el sitio más apropiado para la Misión, ya que posee todos los requisitos de un establecimiento grande". De los nativos describe: "Tan pronto como llegamos unos ocho paganos de un pueblo nos visitaron; ellos viven en un sitio encantador junto al río. Nos presentaron unas canastas de pinole hecho de semillas de salvia y otras hiervas. Su Jefe nos trajo unos collares de cuentas hechos de conchas y nos dieron tres manojos de ellos. Algunos de los viejos estaban fumando pipas hechas de arcilla y echaban tres bocanadas de humo. Les dimos un poco de tabaco y cuentas de vidrio y se retiraron complacidos".

Pero no todo fue complaciente y fácil, el Capitán Rivera y Moncada tuvo que equipar sus tropas con una chaqueta gruesa de cuero para protegerse de las flechas de los nativos, que a veces resultaban hostiles, esas tropas eran llamadas "soldados de cuera".

A Fray Junípero Serra, Franciscano, se le considera el visionario del grupo, quien dirigió casi en su totalidad personalmente la construcción de las Misiones, edificadas a lo largo de la costa Pacífica, como fundamentación para el desarrollo posterior del Estado; ese sistema misional les había dado muy buen resultado a los Jesuitas en México, siglos atrás.

Esos establecimientos eran, más bien lo son, de gran dimensión cuadrangulares, contando con Iglesia, Claustro, Cuartel, habitación para civiles, Talleres de Artesanía, de elaboración y conservación de alimentos, además de hortalizas y árboles frutales, principalmente naranja y uva. En su construcción se usó principalmente adobe, ladrillo, piedra, madera y teja, fueron diseñados tipo fortaleza, rodeados por una gruesa barda.

Estas Misiones fueron esenciales para el contacto con los nativos en una forma civilizada, instruyéndoseles en artesanía, nuevos cultivos agrícolas, manejo de ganado doméstico (vaqueros), religión y el idioma castellano, entre otras cosas. Las Fortificaciones de Paz, fueron construidas desde San Diego hasta Sonoma al norte de San Francisco, situadas una de otra a una distancia de cómo un día de viaje a lomo de caballo; eran puntos de reabastecimiento o Postas para cambio de caballos y escolta en viajes largos a través del Camino Real que iban abriendo, también fueron el principio de pueblos que finalmente son ciudades como San Diego, Los Ángeles, San Fernando, Monterey, Santa Bárbara, San Francisco, por citar algunas; el total de esas Misiones fue de veintiún.

CAPÍTULO XLII

El Legado De Las Misiones

No solo se les acredita a las Misiones la evangelización, también establecieron especial diplomacia con los Jefes de las diferentes Tribus, evitando inútiles derramamientos de sangre, persecución o exterminio de colonizados o colonizadores, por tanto de los 300,000 originales habitantes de lo que después fue Alta California, sobrevivió al establecimiento definitivo de esos colonos mexicanos y españoles, en ese orden, por haber acontecido eso a partir de 1769, a casi tres siglos de la Conquista de México.

Aparte de tener tranquilizada la región, casi sin empleo de fusiles o cañones, los misioneros religiosos y civiles, crearon riqueza en miles de cabezas de ganado doméstico, plantación de frutales, cosecha de granos, industria de talabartería, vinicultura, maderería, así como fabricación de ladrillo y teja, entre otras; finalmente el descubrimiento de oro que despertó la codicia mundial en esos tiempos. Todo lo anterior fue aprovechado por el país que tomó posteriormente el poder sobre el territorio, los Estados Unidos de América, que hasta la fecha sigue obteniendo ganancia de ese no muy lejano legado.

Los frailes Franciscanos dirigidos por Fray Junípero Serra fueron incansables en su misión espiritual y material; ese Líder—ministro ordenó a sus subalternos apegarse lo más posible a los Cinco Estatutos aprobados por el Rey Carlos V, con anterioridad, por iniciativa de Fray Bartolomé de Las Casas, que dictaban:

1.—A los indios deberá permitírseles habitar en comunidades propias.

2.—Ningún indio deberá ser tenido como esclavo.

3.—Se les deberá permitir escoger sus propios Líderes y—concejales.

4.—Ningún indio deberá vivir fuera de su villa o ningún español podrá morar dentro de una villa indígena, por más de tres días, solamente en caso de que fuese comerciante o estuviese herido.

5.—Los Indios deberán ser instruidos en la Fe Católica.

Estas reglas fueron dictadas varios siglos antes, durante la Conquista de México, pero al ser colonizada California con gente nacida mayormente en México, posiblemente esas normas debieron haber variado bastante bien de nuevos y antiguos habitantes.

Todas esas antiguas instalaciones han sido restauradas, unas por un Decreto ordenado por el Presidente Abraham Lincoln, otras han sido preservadas por personas altruistas entre ellas, se puede mencionar a Las Hijas del Dorado Oeste, cuyo nombre oficial es Native Daughters Of The Golden West; Posiblemente algunas de éstas altruistas damas son descendientes directas de familias mexicanas que tuvieron uniones maritales con nativos o con los primeros anglos llegados a mediados del siglo pasado o también podrían provenir de los primeros colonos hispanos establecidos, entre otros muchos apelativos al respecto, se pueden mencionar: Sepúlveda, Verdugo, Pico, Rivera, Santiago, Murrieta, Vallejo, Ferrer, Domínguez, Carrillo, etc.

Esos soberbios, hermosos edificios rodeados de fuentes y jardines con su característico techo rojo de teja, han sido una influencia definitiva en la arquitectura californiana, hasta nuestros días, no solo en edificios públicos, pero también privados, desde tiendas, restaurantes hasta residencias particulares o palacetes de millonarios.

Bosquejo y Detalle de Una Mision Californiana.

Bosquejo y Detalle de una Misión Californiana,

CAPÍTULO XLIII

Californios Originales

Al arribo de la expedición colonizadora proveniente del sur se encontraron con muchos pequeños pueblos de nativos mayormente pacíficos, las principales tribus a las que pertenecían esos habitantes eran: Kimeyaay, Gabrielinos, Yummas, Cahuilla, Chumash, Yokut, Miwok y Porno; Prácticamente todos eran de la misma raza ya que todos hablaban Shoshon, un dialecto derivado del Takic, tal vez de la misma raíz del lenguaje de los Aztecas, recordando que estos últimos, antes de fundar Tenochtitlan, eran peregrinos procedentes del norte, eventualmente de California; todas esas tribus vivían en armonía intercambiando sus productos entre si comercialmente, por medio de objetos de obsidiana como medidas de valor, aunque la Tribu Chumash desarrolló una especie de moneda en forma de ristras de conchas que se valuaba por la longitud de ellas, la medida que daba una ristra alrededor de una mano se le nombraba "ponco", siendo ocho "poncos" el equivalente a un peso de plata mexicano.

Los que vivían en la costa eran expertos en la pesca para lo cual construían canoas con capacidad de hasta 12 hombres a la vez, los cuales usaban arpones en la captura de morsas y lobos marinos; los habitantes de tierra adentro eran cazadores y recolectores de frutas silvestres como bellotas, tunas de nopal, sienillas de salvia, piñones, etc., otros como los Yummas, eran agricultores de maíz, calabaza y tubérculos; sus herramientas eran de piedra, hueso, cuero y madera, también fabricaban objetos de arcilla, piedra, concha y hueso como utensilios de cocina, adorno o uso personal; para su defensa y caza utilizaban arco, flecha, hacha, cuchillo y dardos; sus viviendas eran chozas redondas de paja u otros materiales, algunos usaban piedra unida con arcilla; en algo que eran expertos eran en la fabricación de cestas de diferentes plantas, también terminadas, que podían retener agua en ellas y hasta calentarla.

Los 130,000 o más pobladores de la región sur de Alta California que convivían entre sí, salvo algunas excepciones, hicieron lo mismo con los recién llegados quienes fueron generalmente aceptados; hubo algunos ataques aislados, como uno por los Yumma, donde murieron varios soldados y civiles de la expedición; otro ataque masivo por sorpresa fue a la Misión de San Diego donde fue muerto un Fraile y dos constructores; hubo otros casos aislados pero no combates de consideración; en realidad los nativos no fueron gran obstáculo para los colonizadores, en comparación con los Apache de Texas, que llegaron al grado de obligar al Gobernador Mexicano en 1700 a dormir en la Prisión de San Antonio por ser el lugar más seguro para pernoctar, amurallado.

Mapa de Mexico Antes de la Invacion Norte Americana en 1846.

Como los indios no causaban serio problema a la expedición, los militares más que hacer uso de sus armas, se dedicaron a cooperar con los civiles en la construcción de obras permanentes, a la vez recibiendo gran aportación de los Californios en mano de obra y provisión de alimentos naturales, que, dicho sea, sin esa ayuda quizá el desarrollo hubiese fracasado. Los nativos se beneficiaron con nuevos alimentos, herramientas de metal, animales domésticos, nuevos cultivos, artesanía, mejor vivienda, etc. Los extranjeros encontraron un aliado incondicional en sus planes de desarrollo y mejoramiento al empezar a establecerse los colonos en California varios de ellos se mezclaron genéticamente con los nativos, uno de los casos más famosos fue el de Ramona, hija de un ranchero mexicano que se enamoró de un peón, un indio de raza, teniendo esa relación un final novelesco; se cuenta que ese romance fue real, cosa que aprovechó después, la escritora Helen Hunt Jackson para escribir una novela en la temprana era Californiana, que fue un gran éxito editorial a pesar de las pobres comunicaciones existentes en esos tiempos, perdurando su fama hasta la fecha, no solo del libro pero principalmente de su personaje: Ramona; Actualmente en el área de Los Ángeles se le rinde homenaje a esa dama, llevando su nombre una escuela secundaria, una elemental, una avenida principal en Alhambra, varias factorías, negocios y productos, que cuando quieren hacer su publicidad, representan dicha dama como una bella joven vestida de china poblana y sombrero charro; También se hizo una película y una acción romántica basados en el legendario personaje.

Todavía existen descendientes directos de los originales Californios radicados en pueblos o aldeas en áreas exclusivas llamadas reservaciones, otros viven en las grandes ciudades entre la población cosmopolita casi sin mezclarse, pero si lo hacen usualmente es con hispanos.

CAPÍTULO XLIV

Monterey, Primera Capital

Cuando la expedición española-mexicana emprendió la empresa en 1769, para colonizar Alta California validándose del Sistema Misiones, su meta principal era establecerse en la Bahía de Monterey, explorada en 1602 por Sebastián Vizcaíno. En su trayecto desde Baja California, luego de construir algunas Misiones o Puestos Provisionales, unos meses después en 1770, fundaron oficialmente el Pueblo de Monterey que fue la primera Capital del Estado, donde edificaron la Casa de Gobierno, la Aduana, la Misión y Pueblo, permaneciendo como sede del Gobierno hasta 1836, en que el poder fue trasladado a la Ciudad de la Reina de Los Ángeles, en virtud de que esta había crecido más, con nuevos colonos procedentes del sur por vía terrestre y marítima.

El establecimiento del Gobierno en Monterey tenía dos propósitos. Alentar la canonización hacia el norte, así como la de proteger esas costas que estaban siendo asediadas por rusos e ingleses, cosa que se logró sostener hasta 1846 cuando los Anglo Americanos hicieron la Guerra a México; el primer gobernador fue Gaspar de Portola y el último mexicano fue Pio Pico en 1848, cuando se perdió la guerra, firmándose el Tratado de Paz, Amistad y Límites.

En una caricatura antigua factiblemente de un dibujante inglés, de antes de la Guerra México-Americana, aparece supuestamente el presidente James Polk, Gobernante Estadounidense en esos años, tratándose de comer un delicioso platillo con la palabra impresa

México, con una botella de vino a un lado, con la impresión Monterey, la cual intenta tomar en las dos acepciones de la palabra en Castellano.

En la fundación de ese pueblo, así como de otros a lo largo del Estado, se contó con el apoyo de embarcaciones procedentes de Loreto, B.C., San Bias, Nay., y Barra de Navidad, Jal., primeramente, posteriormente también llegaron navíos procedentes de Guaymas y Mazatlán, los que trajeron no solo materiales, implementos, ganado, sino cada día más colonos a poblar estas tierras semi vírgenes.

En 1950 se formó en esa antigua capital una sociedad de historia y arte, por gente de diferentes orígenes étnicos, dedicados según ellos dicen, a preservar "Los Viejos Adobes de Monterey"; parece que esas paredes han empezado a "hablar", empezándose a dar reconocimiento a los que abrieron los primeros caminos, haciéndonos la vida más fácil a los que vinimos después.

Caricatura del ex-Presidente Norteamericano James K. Polk quien ordenó y dirigió la guerra contra México en 1846-47. Librería Pública de Nueva York, División de Historia Americana.

Teoría de autor.

Una supuesta interpretación es que el ambicioso presidente trata de comerse un delicioso platillo con la palabra impresa México y tomarse una botella de vino con la palabra Monterey (ex-Capital de California) eso es obvio, pero muy transcendental es lo que lo rodea, A sus pies atado con cadena un perro con gorra militar francesa, atrás un prisionero en una casa de naipes que podría representar al General López de Santana y volando encima unas moscas que serían los traidores del Partido Polkista en ese tiempo.

CAPÍTULO XLV

El Pueblo De La Reina De Los Ángeles

Se habían fundado ya varias Misiones que en total fueron 21, sobre el Camino Real como columna vertebral del cuerpo geográfico o sostén de todo movimiento político, militar, comercial o religioso; también estaba ya funcionando la capital de California (Alta y Baja, una sola) Monterey, habían pasado poco más de 19 años, era tiempo de invitar más colonos a trasladarse al norte a fundar pueblos, corría el año 1780.

Al veterano comandante mexicano Fernando Rivera y Moncada se le comisionó para reclutar familias dispuestas a emigrar desde el sur; después de bastantes dificultades para encontrar personas voluntarias a marchar a tan distantes tierras ya que todos argumentaban que era una aventura muy riesgosa y de aislamiento total por lo escaso del transporte en esos tiempos; finalmente el militar ofreciendo dinero en efectivo, promesas de buenas tierras y ganado, logró completar un grupo de 11 a 12 familias mestizas en los Estados de Sonora y Sinaloa que entre otras cosas trajeron con ellos, mil cabezas de ganando compuesto de vacas, caballos, mulas y asnos; Atravesando desiertos, arreando ganado, pasando mil incomodidades lograron llegar, no sin antes sufrir varias bajas humanas causadas por nativos hostiles en Arizona.

En 1781, el 4 de septiembre fue oficialmente fundado con el grupo de familias mencionadas, El Pueblo de la Reina de Los Ángeles, sobre el Rio de la Porciúncula, que rápidamente progreso gracias al apoyo de los nativos, que en su mayoría eran pacíficos, así como por sus buenas tierras, clima y puerto marítimo natural San Pedro, que por ser en ese entonces la navegación el medio de transporte y comunicación principal, esa bahía fue primordial; por San Pedro entró aparte de nuevos colonos y ganado, desde una aguja hasta una máquina textil, desde un lápiz hasta una imprenta; todo lo necesario era traído de México, España, Perú y Lejano Oriente, a cambio llevaban, pieles, madera, granos, fruta y posteriormente también oro, siendo ese metal el que cambió el transcurso de la historia rápidamente.

Alrededor del pueblo se formaron ranchos para cría de ganado y labranza que tuvieron un gran desarrollo; era tan abundante todo lo que en la región había que continuaron arribando colonos mexicanos y uno que otro vasco, hasta que un ranchero de nombre Francisco López encontró una pepita de oro a flor de tierra; cuando se empezaron a buscar vetas, estas se encontraron mayormente en las inmediaciones de San Francisco; ese descubrimiento llegó al conocimiento de España, Inglaterra y Las Trece Colonias (EUA.) que se acababan de independizar en 1776, del Imperio Británico por lo que al poco tiempo ya estaban los Anglo-americanos en la Costa Pacífica suficientemente armados en plan de guerra.

De esa época española-mexicana queda poco, no obstante haber transcurrido solo 145 vertiginosos años, algunos edificios de adobe, ladrillo, madera y teja; calles, pueblos, ríos o sitios con su nombre original; el idioma, que están tratando de prohibirlo oficialmente, aunque en muchas escuelas se sigue enseñando, siendo inconscientemente usado por todos, al haber algunas palabras del Castellano incorporadas al idioma inglés, a continuación una lista muy parcial de esas palabras: Fiesta, tostada. bolero, piñata, rodeo, corral, patio, mambo, cha-cha, tango, tomate, taco, burrito, sombrero, burro, plaza, vigilante, macho, mariachi, chocolate, fajitas, bandido, cigarro, chile, melón, mango, matador, chaparral, pina colada, tequila, margarita, etc.

Muchos libros de historia no dan el suficiente crédito al periodo anterior que fue de 1769 a 1850, aunque hay sus excepciones de algunos historiadores honestos que describen en detalle esa valiosa época del pasado. En el vestíbulo del edificio más alto en la urbe Angelina, el First Interstate, se puede observar una placa conmemorativa a la fundación de la ciudad, en ambos idiomas. Los hechos históricos no se pueden borrar jamás.

LOCALIZACIÓN DE LAS 21 MISIONES SOBRE EL CAMINO REAL

1. —San Diego.
2. —San Luis Rey
3. —San Juan Capistrano
4. —San Gabriel
5. —San Fernando.
6. —Ventura.
7. —Santa Barbara.
8. —Santa Inbs.
9. —La Purísima
10. —San Luis Obispo.
11. —San Miguel

12. —San Antonio.
13. —Soledad
14. —Carmelo
15. —San Juan Bautista
16. —Santa Cruz
17. —Santa Clara
18. —San José
19. —San Francisco (Dolores)
20. —San Rafael
21. —San Francisco Solano (Sonoma)

Localizacion de las 21 Misiones Sobre
El Camino Real.

El Águila Mexicana En U.S.A

Al establecerse los colonizadores en Alta California a mediados del siglo antepasado, muchos de ellos recibieron y tomaron extensiones de terreno que se encontraban virgen o casi sin habitantes, estableciendo ranchos, abriendo caminos, tierras de labrantío, como desarrollando la ganadería en gran escala.

Trabajando en grupos familiares y con la cooperación valida de los nativos, mayormente pacíficos, esos asentamientos prosperaron rápidamente. Los habitantes locales barones aprendieron nueva artesanía, variedad de cultivos y manejo de ganado doméstico; por su parte las mujeres aprendieron nuevas artes culinarias o el uso de la rueca; tal vez se reconoce que los habitantes originales aportaron muchos de sus antiquísimos conocimientos al progreso de esas nuevas comunidades; esos viejos conocimientos fueron definitivos en la subsistencia de los colonos, entre otros beneficios obtenidos de los nativos se puede citar: utensilios de barro, piedra, cuero, hueso, concha, fibras vegetales; métodos para caza y pesca, productos como maíz, calabaza, frijol, camote, tomate y otros alimentos silvestres de recolección.

Los ranchos fueron ricos y permanentes al grado de que algunos de ellos subsisten a la fecha convertidos en pueblos o ciudades, unos cuantos ejemplos sería. Rancho Los Amigos, Rancho del Amo, Domínguez Hills, San Bernardino, Rancho Cucamonga, La Canada. Santa Mónica, Las Juntas, Santa Ana, Rancho Los Vega (Las Vegas,

Nevada) Rancho de La Tía Juana (Tijuana, B.C.), Los Nietos, San Fernando, Los Verdugo (Glendale, Ca.), Santa Bárbara, donde su calle principal se conserva esencialmente hispánica, celebrando allí, con un desfile anual su herencia étnica.

Esos antecedentes comprueban la aportación que los primeros pobladores hicieron al Estado, por más que se trate de ocultar o desinformar. En el escudo oficial de la ciudad de Los Ángeles, está impresa un águila, encima de un nopal, devorando una serpiente: ¡El Águila Azteca!, alguien tuvo la loable idea de incluirla junto al oso café de la región y al león inglés; esperando que en el futuro no venga alguien con prejuicios en su cabeza y se atreva a quitar esa permanente constancia de nuestra presencia aquí, antes de ningún otro extranjero. Es difícil dilucidar por qué el o los diseñadores del escudo cambiaron el Águila Real por el Águila Calva ("bald" en inglés); pudo ser por falta de conocimiento, o deliberadamente tratando de tergiversar la historia, o pudo ser también con la inocente idea de darle un colorido contraste al diseño pero "El Águila parada en un nopal devorando una serpiente" no recuerda otra cosa que Tenochtitlán.

Lo anterior no tiene discusión por su patente realidad, que al ver pasar por la calle las patrullas policiacas, camiones de bomberos, de Servicios Públicos con el bello emblema en sus puertas, hace sentir al observador (con herencia hispánica) una emoción mezclada de alegría-nostalgia-orgullo.

Sin embargo lo que se debe admitir es que los grupos étnicos que arribaron después de Europa y otras partes del mundo, tienen cada uno su respectivo mérito por la aportación que en diferentes formas han dado a las Ciudades, Estado y Nación. Una aportación destacada fue la del mejor carpintero del mundo, el inglés, que construyó pueblos enteros en cuestión de días de trabajo, aprovechando la riqueza forestal, siendo sus técnicas a la usadas por muchos de sus discípulos de diferentes razas que cada vez que utilizan el "metro inglés" (quebradizo), recuerdan de donde vienen sus conocimientos, en parte.

Los habitantes de esta Gran Nación formamos ahora un pueblo multirracial-cultural, que hemos traído conocimientos, arte, técnica, ciencia. Etc., de todos los rincones del planeta; que quede claro que lo que nuestros antepasados hicieron o dejaron de hacer, corresponde sencillamente al pasado, pero como "homo pensante" no debemos ignorar o pretender ocultar la historia y sus enseñanzas.

Escudo City de los Ángeles

Agitada Historia Texana

Haciendo una síntesis histórica desde la Época Hispánica del sur de lo que hoy es Los Estados Unidos de América, hasta el día que México perdió ese territorio norte incluyendo Texas, se puede asentar lo siguiente.

Los Ibéricos habían explorado todo el extenso territorio desde principios de 1500, estableciéndose unos cuantos de ellos en Florida, Luisiana, Texas, Nuevo México, Arizona y California, permaneciendo mucha de esta extensa región casi sin presencia alguna de europeos.

En 1823 fue cuando el Gobierno Mexicano permitió a algunos Anglo-americanos establecer su residencia en Texas, con la condición de que fuesen católicos, si lo eran o mintieron para ser aceptados, eso no justificó para que en 1835 se revelaran en armas contra el Gobierno presidido entonces por el General Antonio López de Santa Ana, quién personalmente encabezó un ejército para combatir a los sublevados; en el primer encuentro en la Misión de El Álamo, en San Antonio casi los desintegro, después los alzados se reunificaron y al grito de "acuérdate de El Álamo", en un ataque por sorpresa los rebeldes en San Jacinto tomaron prisionero al General López, obligándole a firmar un Tratado.

Con ese documento, Tratado Velazco, los Anglo-americanos se declararon país libre, es decir República de Texas; En 1845 ese "País" fue anexado por E.U.A., actitud a la que México protestó. Por tal motivo se produjeron algunas escaramuzas bélicas entre las

Fuerzas de ambas naciones, para en 1846 E.U. declaró la guerra a su vecino; hubo fuertes batallas en Palo Alto, Texas; La Angostura, S.L.P.; Puerto y Estado de Veracruz; Capital Mexicana (Padierna, Churubusco, Molino del Rey y Chapultepec). El mejor armamento del Ejército Estadounidense, así como problemas políticos internos en la capital azteca, determinaron la victoria de los extranjeros.

Apoyado en lo anterior, el Gobierno Estadounidense ya no solo pedía Texas, sino que exigía se le entregaran Nuevo México, Arizona, Las Dos Californias y hasta Libre Tránsito por el Istmo de Tehuantepec de costa a costa, posiblemente con la idea de construir un canal interoceánico en el futuro. Para presionar en sus exigencias desplegaron Ejércitos en Alta California, Nuevo México, Paso del Norte (Cd. Juárez); También bloquearon Puertos de Monterey, San Pedro, Guaymas y Mazatlán en el Pacifico, así como los de Tampico y Veracruz en el Atlántico. Cuando la Armada Norteamericana se estableció en el Distrito Federal por ese tiempo, algunos militares cometieron varios desmanes como saqueo de joyas de las Iglesias por lo que probablemente varios de ellos fueron muertos por la población civil.

Fuerzas mexicanas continuaron oponiendo resistencia aisladamente, para finalmente firmar el Tratado de Paz, Amistad y Límites en Guadalupe Hidalgo, D.F. en febrero de 1848. Por tal Documento México cedía Texas, Nuevo México, Arizona y Alta California por un pago de 15 millones de dólares, por su parte el Gobierno Norteamericano se comprometía a proteger la Nueva Frontera de la incursión de "barbaros", aunque no se aclara a quien se hace referencia con ese calificativo. Al aplicarse dicho Convenio se perdieron por añadidura lo que hoy son los Estados de Nevada, Utah y parte de Colorado (Mapa en la página 151 del Libro The Story Of The Constitution, 1937).

Fusión De Las Trece Colonias Con Otros Territorios De 1803 1850 Para Formar El Actual E.U.A.

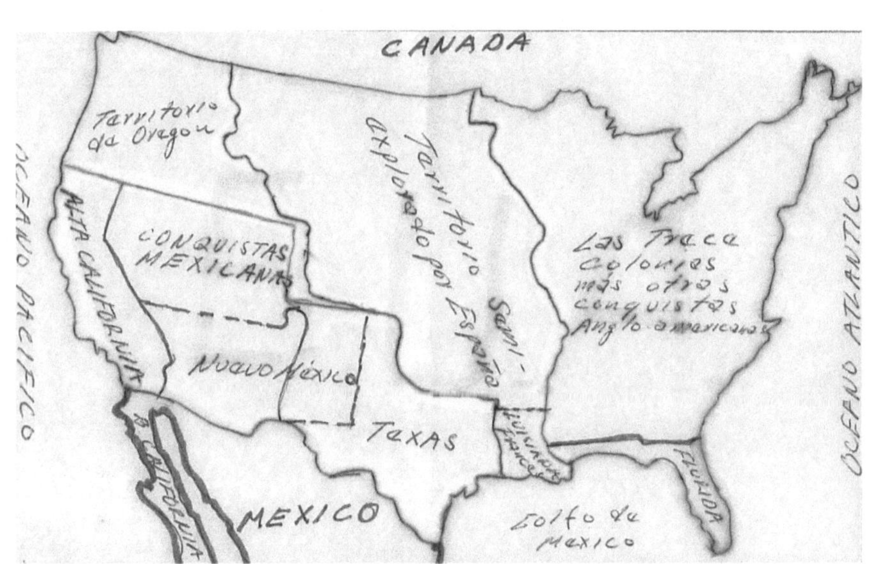

CAPÍTULO XLVIII

Invasión A California

Los Estados Unidos de América se habían independizado del Imperio Británico, pero era una Nación pequeña con ambición de expandirse comprando territorios a Holanda, Francia y España, a la vez, mostrando sus aspiraciones de posesión del territorio Sur y Costa del Pacífico.

La Guerra México-americana abarca por supuesto la Invasión a California en 1846 por barcos Anglo-americanos, iniciada en Monterey, antigua Capital del Estado y luego en el Puerto de San Pedro, en los Ángeles, Capital en esas fechas; esos barcos venían bien armados dando terribles encuentros al destacamento militar con el que contaba el Gobernador Pio Pico, pero recibiendo completo apoyo de la población que se levantó en armas; así con rifles de cacería, lanzas y caballos sin jinete en forma de estampida, lograron resistir un año y medio, mientras el Ejército Mexicano libraba fuertes batallas contra el grueso de la Armada Estadounidense al sur del País.

Cuando el Gobierno Central se vio obligado en 1848 a firmar el tratado de Guadalupe Hidalgo, D.F. casi la mitad del país cambio de posesión como se sabe. En tal Documento, entre otras se reconocía: que los mexicanos tenían garantizada la facilidad de voluntariamente trasladarse hacia el Sur o permanecer en su lugar de origen, aceptando la ciudadanía estadounidense; el respeto legítimo de sus propiedades; y conservar su Fe Religiosa.

En la práctica en algunos lugares de la extensa región, fue diferente, hubo expropiaciones o desalojos por la fuerza, aunque se dice que en general no fue tan desastroso, que hubo un acoplamiento más o menos gradual, amén de que todavía quedaban tierras sin ocupar, o no delineadas debidamente.

El libro The Story of The Constitution, editado por el Congreso de los Estados Unidos en 1937, dice simplemente Franja del Sur, Nuevo México y Arizona, adherida en 1853, la anexión de Texas en 1845 y la sección de California y el resto de la Trans—Rocky región por México en 1848". Evidentemente este Congreso omitió revisar el Tratado que su Gobierno firmó en 1848.

En California como en el resto de los Estados había muchas personas cultas, profesionales, provenientes de la Capital Azteca en los últimos años. Los Ángeles, Monterey, San Diego, Santa Bárbara y San Francisco eran ya ciudades que contaban con comercio, industria, bancos, oficinas públicas y privadas, imprenta y más. La población estaba dedicada al trabajo, a una vida tranquilla sin complicaciones, tal vez hasta romántica, sin prisa ni materialismo, consciente de una vida pasajera, terrenal; esa gente sencilla de buenos sentimientos trató de cauterizar la herida de la pérdida de la nacionalidad de una forma digna e inteligente, cooperando en ese propósito dos publicaciones regionales: El Clamor Tilico y La Estrella de Los Ángeles, esta última bilingüe. Para cuando los Anglo-americanos tomaron posesión oficial del Gobierno del Estado, había ya algunos cuantos habitantes mestizos México-anglo, por haber venido antes varios anglos en forma individual casándose con jóvenes de la región.

Estados Unidos de America en 1790

Estados Unidos De América En 1790

Anglos En California

El primer asentamiento inglés en América fue en 1607 en Virginia, luego en 1620 llegaron Los Peregrinos del barco Mayflower, pero a la costa pacífica del continente no llegaron hasta 1811, salvo esporádicas visitas por barco. A principios del siglo pasado fue cuando un grupo de ellos se estableció a la desembocadura del Rio Columbia en el Estado de Oregón, de posesión española, pero para llegar a California vía terrestre las Montañas Rocosas se los impedía.

A partir de 1800 varios barcos Anglo-americanos visitaban la costa californiana cazando nutrias, elefantes marinos y ballenas, así como comprando pieles a los rancheros mexicanos para una fábrica de calzado en Massachusetts; fue en una de esas visitas cuando un marinero contrajo matrimonio con una muchacha de Santa Bárbara, siendo bautizado al aceptar el catolicismo, como William Santiago, eso causó simpatía en la población ablandando la natural desconfianza; posteriormente en 1826 un grupo de aventureros a lomo de caballo, procedentes del este, cruzando la Sierra Nevada y el Desierto de Mojave, arribaron también, marcharon casi todos de regreso, aunque varios tomaron por esposas a algunas hijas de hacendados mexicanos, fincando su residencia.

La gran avalancha migratoria de anglos (muchos procedentes directamente de Las Islas Británicas) ocurrió en 1849, meses después de que México tuvo que ceder el territorio; al tener conocimiento, los habitantes de las antiguas Trece Colonias (EUA) lo mismo que los del Imperio Inglés, de la existencia de oro, empezaron a llegar por miles en barco, dirigiéndose la mayoría a San Francisco, que de ser una pequeña villa, explotó a una población de 40,000 habitantes mayormente casi en su totalidad, hombres jóvenes solteros con la subsecuente escocés del sexo opuesto, provocando una fama de homosexualismo quizá no exactamente justificada, sin embargo esa fama de "preferencia" (como la llaman ahora), persiste al momento actual en dicha ciudad.

En esa forma tanto joven escarbando, lograron en 4 o 5 años poner en circulación 200 millones de dólares, siendo por ese tiempo la mayor cantidad de oro producida en el mundo entero. Eso trajo en auge otros negocios como tienderas en general, urbanización, transporte, imprenta, industria, bancos, servicio postal privado, suntuosos bares y casinos, hasta teatros para opera; al haber tantos hombres por unas cuantas mujeres, otros individuos hicieron negocio en el ramo del esparcimiento importando bellas damas de diferentes países europeos, así como lujos, licores, etc., ahora sí que a precio de oro. Por esas fechas un comerciante llamado Levi Strauss se hizo rico sin encontrar el brillante metal; para aprovechar una tela para tiendas de campaña que tenía en exceso, fabricó unos resistentes pantalones, sin imaginar que esa áspera prenda sería muy apreciada por mineros y vaqueros, continuando esa apreciación por los siguientes 145 años, hasta nuestros días; nótese que esa prenda en lugar de llamársele pantalón "cowboy" debieran nombrárseles "mineros".

Posteriormente siguió otra ola migratoria en carretas, de este a oeste, de familias completas que luego de varios intentos lograron encontrar un paso natural entre las montañas, dedicándose al llegar a las labores del campo, aprovechando la riqueza encontrada principalmente en cientos de miles de cabezas de ganado vacuno, caballar y lanar. Este segundo grupo inmigrante por ser más estable, que, gracias a la cooperación de los habitantes locales, los primeros colonizadores provenientes del sur del Rio Bravo, así como la ayuda de los nativos (californios originales), lograron entre todos cimentar una pujante economía para la grandeza posterior de Los Estados Unidos de América.

Para fines del siglo pasado al construirse el Ferrocarril Pacifico-Santa Fe con conexión a Chicago y al resto de la zona este, produjo otra gran ola migratoria, llamada "Los inmigrantes Pullman", por venir estos en forma cómoda, muchos de ellos buscaban la afamada tierra soleada y clima templado, lo cual era recomendado en contra de enfermedades como tuberculosis, reumatismo, asma, sinusitis, etc., haciendo crecer en forma vertiginosa varias ciudades del pacifico. Esta inmigración trajo gente culta, preparada, industriosa de diferentes orígenes europeos que vinieron a engrandecer el Estado, pero ese Ferrocarril trajo también muchos vagabundos los llamados Tramps, una lacra social que proliferó por esa época; aunque Charles Chaplin encarnó ese personaje con humor y simpatía en el cine, en realidad esos "tramposos" eran despreciados, perseguidos hasta temidos por la sociedad; se dice que estos sujetos detestaban el trabajo, me parece que todavía quedan algunos de ellos por allí.

California Cambia De Manos

Los mexicanos fundaron varios pueblos a lo largo de Alta California por un lapso de 79 años antes de que los anglo-americanos tomaran posesión de la tierra de la mitológica Reina Califa.

Al arribo de los nuevos en el poder, los antiguos habitantes al admitir que no había otra alternativa que aceptar el cambio, optaron por convivir en armonía con los nuevos gobernantes, los cuales trataron cortésmente a la población en general.

Estos nuevos colonos al principio por conveniencia entablaron buenas relaciones con los habitantes locales obteniendo de ellos valiosos beneficios, como otros habían adquirido de los mexicanos del sur-este de la recién expandida nación. Algunas artes y conocimientos que aprendieron de los mexicanos, entre otras, fueron: Manejo del ganado vaqueros cultivo de viñedos y fabricación de generosos, cultivo de árboles frutales, principalmente cítricos, fabricación de teja y otros materiales, conservación de alimentos, tocar guitarra valenciana y nuevos alimentos como maíz, frijol, calabaza, etc.

Enseñarse a ser vaquero—cowboy—fue importantísimo para los recién llegados, por ser la principal fuente de riqueza, después de la minería. El Rodeo es el nombre que los antiguos habitantes daban a la concentración del ganando para su inventario y venta, que culminaba en una competencia de jaripeo. Este arte campirano fue y sigue siendo muy popular en el oeste a través de los siglos; se le han introducido algunas innovaciones al grado de que algunos creen que es invención estadounidense, sin dar crédito a sus maestros, eso es como querer inventar la rueda cuando esta proviene de la prehistoria; en el Museo Gene Audry de Los Ángeles se da un total reconocimiento a lo anterior, por otro lado los escritores Mark Twain y Owen Wister, dan en parte constancia de la verdad, el último de los mencionados escribió: "Dejemos sea recordado que el mexicano fue el original cowboy", también J.C. Furnas "el detective-escritor" hizo un estudio completo al respecto, así como sobre la influencia de los diferentes grupos étnicos en el desarrollo de EUA. En su muy completo libro The Americans, un tratado sobre la vida social del país. En Hawai, en ranchos ganaderos a la fecha se les sigue llamando a los vaqueros con el apodo de "panioles", por ser en 1800 estos de origen mexicano, pensando los isleños que eran iberos, lo más probable es que pudieran haber sido mexicanos, criollos y mestizos e iberos, en ese orden. El uso de botas altas, chaparreras y sombrero fue imitado por esos primeros anglos también; el actual sombrero "cowboy" se deriva del sombrero córdobas y andaltiz, solo que con las altas levantadas y la guitarra valenciana podría ser la madre de muchas "rocanroleras" modernas. Por supuesto se debe reconocer que el vaquero mexicano tuvo su origen en el caballerango, caporal o caballero andante español.

Aparte de la ganadería en otro ramo que obtuvieron grandes dividendos hasta ahora fue el cultivo de la viña y su industria; desde la fundación de la primera misión, los frailes plantaron los primeros pies de vid, prosiguiendo su propagación por todo el Estado, pero el primero que se dedicó en forma comercial industrial a ese negocio fue el comandante mexicano Mariano Guadalupe Vallejo en Sonoma, California, posteriormente con ayuda de sus plantas vinieron húngaros, alemanes, franceses e italianos a desarrollar esa industria en gran escala.

Sonoma es un condado y ciudad en un fértil valle al norte de San Francisco, por cierto, el último eslabón de la Cadena de Misiones establecidas por los primeros colonizadores. A esa Ciudad se le puede considerar como una cápsula histórica, por haber tenido autoridad sobre ella, seis diferentes gobiernos, unos fugazmente, otros en forma transitoria, otros como colonizadores. Una visual demostración de lo anterior son las banderas desplegadas al frente del antiguo Hotel Toscano; de derecha a izquierda aparecen los lábaros de España, Inglaterra, Rusia, Imperio de Iturbide, República Mexicana, República de California y la de los Estados Unidos de América. En ese pueblo, un pequeño grupo de anglo-americanos fabricó una bandera blanca con un oso y una estrella impresos en ella en 1846, e imitando a los texanos de 1835, declararon establecer la República de California cuando todavía era estado mexicano.

Cuando Francisco López el ranchero californiano, encontró oro a flor de tierra a mediados del pasado siglo provocando la avalancha de gambusinos. Se cambió rápidamente el transcurso de la historia. Cuando llegaron los anglos para empezar a buscar el codiciado metal, no solo comprobaron que lo había en la arena de los ríos, sino en gran abundancia en laderas y minas. Además, corroboraron que había gran riqueza en madera, praderas, fuentes de agua, etc. causando su posterior global colonización; no solo del este de la Nueva Nación; sino que de toda Europa deseaban llegar al Estado Dorado Golden State, lo llamaron. Unos venían con la idea de hacerse ricos pronto, otros buscando aquellas tierras semi-vírgenes, de animales extraños, gentes exóticas, con clima y aguas templadas de que tanto se hablaba, al lograr estos su objetivo, se abre el Nuevo Mundo, un espacio hogar no solo de europeos sino para seres de todo el planeta.

CAPÍTULO LI

Tierra Cosmopolita Desde El Principio

Al cambiar California de un país a otro en 1848, el Estado aceleró su desarrollo al aumentar su población vertiginosamente con nuevos inmigrantes ingleses, irlandeses, escoceses, judíos, armenios, italianos, alemanes y de otros países europeos que a través del puerto de Nueva York, entraron por millones. Los negros después de ser abolida la esclavitud en 1865 empezaron a llegar, pocos al principio, después en forma acelerada, huyendo de la discriminación o segregación del este hacia esta región de más abierta sociedad; al presente constituyen gran parte de la población total, contando con un poder político bastante fuerte. Chinos fueron traídos en 1850 como peones para la construcción de un bordo protector sobre el Rio Sacramento, después estuvieron llegando aisladamente, pero el grupo más numeroso arribó este siglo cuando la Revolución Comunista estalló en su nación, siendo aceptados acá como refugiados políticos, japoneses vinieron contratados para ayudar a los mexicanos e indoamericanos en la construcción del ferrocarril pacífico de Santa Fe, a fines del siglo pasado, posteriormente ellos trajeron esposas, familiares y hasta novias conseguidas por correspondencia. Los Filipinos eran un renglón aparte; en 1898 su nación fue vendida por España a E.U.A., por lo que por un periodo fueron ciudadanos estadounidenses, peleando en la Segunda Guerra Mundial por su nuevo país, ahora son una nación independiente; algunos hablan Castellano o entienden un poco, pero su idioma oficial es Tagalo, aunque en el mezclan palabras del español como nombre de meses, días, numeración, parentesco y enseres por haber sido semi-conquistado el archipiélago por España, existen algunos individuos mestizos, teniendo mucha similitud física con algunos hispanoamericanos, por lo que son confundidos unos con otros sobre su lugar de origen, agregando que la mayoría de los filipinos llevan nombre y apellido hispánico, aunque muchos no hablan o entienden el idioma con excepción de: "Marzo, miércoles veinticinco", por ejemplo; Un dato más sobre este grupo étnico es que, en la Isla Chabacano de la diseminada nación, casi toda la población sigue usando la lengua castellana normalmente.

En este siglo, en la década del 40, arribaron coreanos por motivo de la Revolución Comunista, así como los Vietnamitas hicieron lo mismo en 1960-70 por la misma razón, recibidos aquí con el privilegiado status de refugiados político. De otras remotas latitudes han venido en grupos, un caso especial es el de las lejanas islas de Samoa, en Oceanía, las que pertenecen a Estados Unidos.

De las Islas del Caribe y Centro América han arribado desde siempre aisladamente, pero grupos de consideración vinieron en diferentes épocas como se analizará en el capítulo siguiente.

Como se sabe hay gente de toda la urbe, pero aparte de los grupos mayoritarios mencionados arriba, el resto acaba de llegar históricamente hablando.

CAPÍTULO LII

Islas Del Caribe

Cuba, Puerto Rico, La Española que incluye La República dominicana y Haití, así como Jamaica son los territorios más grandes del atlántico americano, aparte hay varias islas más como Las Bahamas y Las Vírgenes unas de soberanía inglesa otras estadounidenses. Existen otros países isleños con diferentes formas de gobierno como Martinica, Granada, Dominica, entre otros.

El puertorriqueño, después del mexicano es el grupo hispano más numeroso en Estados Unidos, alguien dijo en cierta ocasión que había más puertorriqueños en la Ciudad de Nueva York que en la misma Isla, me parece que eso es un tanto exagerado; Desde que España vendió ese territorio, fue obligada a venderlo en 1898, al pasar a formar parte de E.U.A., la población empezó a emigrar en forma acelerada; por algún tiempo Puerto Rico pasó por diferentes situaciones políticas, quedando finalmente en un status al parecer de conveniencia entre la Isla y Tierra Firme o viceversa, llamado Estado Libre y Asociado; al ser un Estado más de la Unión Americana, sus habitantes tienen libertad absoluta de tránsito, así como los atributos de ciudadanía. Son varios los millones que radican en Nueva York y Nueva Jersey, principalmente en California u otros estados hay diseminados en puestos gubernamentales, maestros, oficiales de policía y ciudadanos comunes. La Isla del Encanto, como ellos lo harían, atrae a muchos dominicanos u otros vecinos, puesto que, al entrar a la Isla, están en territorio estadounidense, facilitándoseles viajar a diferentes ciudades de Norteamérica con documentos de identidad falsos; lo anterior ha causado muchas tragedias humanas al perecer muchos de ellos ahogados en el océano.

El cubano es otro grupo bastante numeroso, concentrado principalmente en Florida, pero también hay muchos individuos en California y Nueva Jersey. Por la cercanía marítima entre Cuba y Cayo Puesto, Florida, desde siempre han emigrado en ambos sentidos, pero el mayor número proveniente de la Isla fue a la caída del Dictador Fulgencio Batista en 1959, posteriormente en 1980 Fidel Castro el actual dictador, permitió la salida de varias decenas de miles, el llamado Éxodo del Puerto de Mariel. Se ha observado que el cubano es muy activo en Política de Representación, logrando en poco tiempo obtener algunos altos Puestos a nivel Local, Estatal o Federal; Esa fuerza electoral es resultado de la unión, por ser la mayoría de los votantes cubanos de Cuba, válgaseme la expresión, o Cubano-americanos de primera generación, en tanto que los México-americanos por ejemplo, la mayoría no son ellos ni sus padres nacidos en México. Otros cubanos por tener vena de comerciantes han logrado levantar productivos negocios, algunos con préstamos obtenidos del Gobierno Federal a bajo interés, por ser estas personas consideradas como refugiados políticos.

De todos las demás Islas Antillanas vienen y han venido inmigrantes, a algunos se le facilita su desenvolvimiento a su arribo, por hablar inglés como a los de Jamaica, mientras a otros se les complica doblemente por no hablarlo, pero ni aun el español sino francés, como es el caso de Haití, Dominica y Martinica.

Así como los dominicanos fallecen en su intento de llegar a Puerto Rico, también los haitianos en mayor número perecen en el mar al tratar de llegar directamente a Florida en balsa, canoas o inadecuadas embarcaciones.

CAPÍTULO LIII

Padres De Norteamérica

En un debate televisivo entre una persona de origen anglosajón y un representante de la Asociación de la Hermandad Mexicana en Los Ángeles, el primero sostenía que los Padres-ciudadanos de esta Nación fueron los llegados de las islas inglesas, el de origen mexicano contestó que los que verdaderamente lo eran, eran los provenientes del sur de la frontera y los indios americanos, la persona moderadora dijo que no importaba quien había venido primero que pasaran a otro tema, ella era de origen africano. Tendría que contradecir al primero, en tanto que al segundo no le puedo dar toda la razón.

Si hablamos de los primeros padres-ciudadanos de la Nación, tendremos que aceptar poner en primer lugar a los nativos, después nos guste o no, a los hidalgos exploradores españoles, seguidos por su descendencia mestiza, recordando que los primeros asentamientos europeos en lo que hoy es la unión Americana, fueron San Agustín, Florida, Santa Fe y Nuevo México; cabe señalar también que esos nativos que habitaban en lo que hoy constituye el sur del país, primeramente fueron nuevo-españoles, luego mexicanos y norteamericanos. Al fundirse ese territorio sur con las antiguas Trece Colonias Inglesas, subsecuentemente los colonos ingleses ocuparían el último lugar como padres-ciudadanos.

Un hecho casi olvidado o ignorado es que algunos individuos de la llamada raza blanca procrearon hijos con los nativos, a veces como resultado accidental de relación entre exploradores, militares e indias, o también entre mujeres blancas raptadas por indios, obligadas a vivir en cautiverio, procreando hijos en tal situación. Es muy probable que la primera niña de origen inglés, nacida en Norteamérica, Virginia Dare, haya sido obligada a vivir con los nativos en 1587, quizá teniendo posteriormente decencia mestiza; si eso es verdad, ella, Virginia podría ser considerada la Madre-ciudadana de la Nación. Pero no todo fue violencia, también hubo matrimonios mixtos en armonía entre exploradores o gambusinos solitarios con mujeres nativas que en algunos casos les era ofrecida como obsequio por Jefes de Tribu, o de mujeres mexicanas con indios como fue el teórico caso de la californiana Ramona.

De cualquier forma, que hubiese acontecido, las personas que pretenden adoptar Títulos u honores que no les corresponde, son como los sapos que entran en agujero ajeno para después hincharse. Desde que la humanidad existe siempre ha habido seres que pretenden restarle méritos a otros o negarles derechos o igualdades, pero para eso existe la historia escrita, que entre más transcurre el tiempo más a flote salen las verdades.

Teóricamente los europeos les arrebataron las tierras a los indios y los anglo-americanos hicieron lo mismo a los mexicanos, aunque realmente dichas tierras estaban habitadas, en esos tiempos todavía quedaban muchas áreas totalmente vírgenes, sin explorar. Posteriormente al constituirse los E.U.A., su gobierno optó por recibir inmigrantes del mundo entero para poblar esas extensas latitudes; al presente se sigue el mismo principio, solo que cada día se aceptan inmigrantes en menor número, por estar las ciudades superpobladas, haber desempleo más otros problemas internos.

CAPÍTULO LIV

Vistazo Retrospectivo

Estados Unidos de América, americanos, norteamericanos se les llama a sus ciudadanos; pues no son exactamente una cosa ni otra, es decir no solo ellos, porque americanos somos todos los nacidos desde Groenlandia hasta La Patagonia y norteamericanos somos los de México, Estados Unidos y Canadá. Esta nación ha sido un país de rápido desarrollo agrícola a industrial, se debe reconocer y apreciar, claro con ayuda de otras naciones principalmente con su vecina del sur, al principio con el trabajo de millones de inmigrantes y suministro de ganado y materias primas a muy bajo costo sin lo cual nunca hubiera obtenido ese tremendo progreso. Gran parte de lo que ahora forma su geografía, fue tierra mexicana, que después de la exploración ibérica, los mexicanos criollos y mestizos fueron los primeros extranjeros que llegaron a habitarla.

Los ingleses llegaron a América un siglo después de los españoles, estableciéndose en la Costa Este de lo que hoy es la Unión Americana, constituyendo poco a poco la Federación de las Trece Colonias; un grupo de ellos que cabe mencionar en particular es el de los Peregrinos del Barco Mayflower, quienes desembarcaron en Plymouth, Massachusetts, los cuales venían huyendo de una persecución religiosa, era gente honesta y trabajadora, que de no haber sido por el auxilio que les dieron los indios americanos al llegar, posiblemente hubiesen muerto de hambre o congelados en el crudo invierno de su arribo; al pasar el invierno esos peregrinos se dedicaron a trabajar la tierra por lo que al levantar sus primeras cosechas, agradecieron a Dios y a los nativos por medio un rústico banquete e instituyendo así sin pensarlo, el día Oficial de Dar Gracias, que desde entonces es un día observado nacionalmente por toda la población.

Según la historia oficial, los primeros pueblos fundados por europeos en Estados Unidos fueron, por españoles, San Agustín, Florida en 1565 y Santa Fe, Nuevo México en 1605; los ingleses fundaron Jamestown, Virginia en 1607 con un grupo de rancheros, por otra parte en 1619, holandeses traficantes de esclavos trajeron un cargamento de ellos de África, vendiéndoselos a esos rancheros, en 1620 fue cuando vinieron los peregrinos a Massachusetts.

Desde principios del siglo 17 los españoles fundaron varias villas, que aparte de las arriba mencionadas se pueden citar, entre otras: Las Cruces, N.M., Paso del Norte, TX., San Antonio, TX., San Jacinto, TX., Casa Grande, AZ., Ajo, AZ., Taos, N.M., San Xavier del Bac (Tucson, AZ., más otros puestos o retenes militares. California fue explorada desde el año 1600, pero no fue colonizada hasta 1769 por la empresa Misiones Franciscanas con familias criollas y mestizas procedentes de México, mayormente.

Los Estados de Oregón, Florida y Luisiana eran posesión de la Corona de España, pero fueron vendidos u obligados a vender a los Angloamericanos que estaban en plan de expansión, esto fue en 1819.

CAPÍTULO LV

Libertad, Igualdad, Democracia Y Fraternidad

Los colonos de las Trece Colonias en América estaban cansados de las injusticias del gobierno inglés que los tenía agobiados con altos impuestos; aparte de esas arbitrariedades, los colonos pensaron que era tiempo ya de formar un nuevo país libre e inspirados en los ideales de los filósofos franceses que incubaron la Revolución Francesa, los cuales eran basados en los principios de libertad, igualdad, democracia y fraternidad. Los—E.U.A. lograron su objetivo derrotando a las Fuerzas Imperiales británicas en una Guerra de 6 años, esto fue en 1776. En su corta lucha por su independencia recibieron una decisiva ayuda militar del Rey Francés Luis XVI, que quedó sobre gastado de sus áreas,—este monarca que también era ostentoso, despilfarrador, trató de aumentar los impuestos a su pueblo, históricamente irónico, provocando con eso el gran descontento popular que hizo reventar aquel huevo incubado llamado Revolución Francesa, esto en 1789. Ciento diez años después, el gobierno y pueblo franceses obsequiaron una gigantesca estatua representando La Libertad, que es ahora un símbolo mundial, desde su sitio en la Isla Bedloe's a la entrada del Puerto de Nueva York. Esa bella obra fue diseñada por el escultor Frederic Aguste Bartholi, siendo el constructor de la estructura el ingeniero Alexandre Gustave Eiffel. La gran obra fue colocada en su Pedestal en 1886, diez años más tarde de lo originalmente planeado, la altura de la estatua es de 151 pies, más base y pedestal dan un total de 305 pies.

George Washington, Benjamín Franklin, Alexander Hamilton, James Medison, entre otros, redactaron una justa Constitución Política, garantizando los altos principios mencionados que son los cimientos legales de esta gran nación. Por mi parte deseo hacer algunas observaciones al respecto, en forma positiva, con la idea de ayudar a cambiar lo que tal vez no se haga como debiera ser.

LIBERTAD. Ha sido un logro fantástico que ha adquirido esta Nación, pero como los humanos no somos perfectos, en algunos sectores de la población esto se ha tornado en libertinaje; hay demasiada violencia, falta de respeto, obscenidad en cine, televisión, deportes, libros, revistas, etc. contribuyendo eso al deterioro de la moral pública y familiar, afectando principalmente las mentes jóvenes o débiles. Últimamente el Congreso Nacional está haciendo algo al respeto para remediarlo, promoviendo nuevas regulaciones.

IGUALDAD. Se supone que todas las personas son iguales ante la Corte de Justicia, pero en la práctica se ha observado que si un acusado de delito tiene dinero para pagar una alta fianza, difícilmente va a prisión o si puede pagar un buen abogado, consigue una sentencia mínima, o queda libre si el delito es difícil de comprobar; o sea que el que tiene menos dinero recibe más rigidez de la ley, al parecer.

DEMOCRACIA.—La Democracia es tal vez el mayor logro que han obtenido los Países Libres, que debemos preservarla, luchar por ella, que, aunque en la práctica no es perfecta buscar el modo de que sea lo más honesta que posible. Lo que creo en mi modesta opinión, que lo que está pasando en E.U.A. (y otros Países también), es que cuando se van a efectuar elecciones para Presidente, Gobernador, Mayor (Alcalde) u otros Puestos Públicos, algunas compañías privadas vinculadas con Cadenas de Televisión efectúan encastras públicas, antes de las votaciones, pronosticando quien será el elegido; ¿Acaso no influirá eso en personas que están indecisas?; además de que otros de abstendrían de votar posiblemente pensando que todo está ya decidido de antemano.

FRATERNIDAD.—En este principio soy optimista, que gracias al nivel académico y cultural al que ha llegado este gran país, esto se está logrando poco a poco entre individuos de diferentes raíces étnicas, no solo en Colegios, Templos, Clubs, Uniones, etc. pero también en muchos sitios de la sociedad. Resultado también, de la buena semilla que plantaron algunos de los primeros colonizadores, que como es sabido fueron gente con muy altas virtudes morales. Por mi parte pienso que también coadyuva el filosófico-práctico análisis propio de que nos somos más de un grano de arena en el universo, o mucho menos de eso, admitir que nuestra existencia es como un transitorio lapso a través del planeta.

C A P Í T U L O   L V I

Los Americanos Del Sur

"Nuestras Colonias Mexicanas en Centro América", les comento en broma a los provenientes de la cintura de América, algunos se sienten halagados con el comentario, otros tratan de entablar una discusión al salirles a flote su patriotismo, pero los demás lo toman como lo que es, una simple expresión de humor.

Los salvadoreños forman el grupo más numeroso, se calcula en el área de Los Ángeles en un millón de personas y nacionalmente en unos cuatro millones. Son gente trabajadora y tenaz, pudiéndoseles encontrar desempeñando los más humildes empleos, pero también al frente de un negocio, consultorio médico, despacho jurídico, locutor de radio, etc.; Hay un gran porcentaje de indocumentados a la vez que bastantes legalizados con casa propia e hijos nacidos acá, con buenos empleos, con la idea de quedarse a radicar en este país por siempre.

Los guatemaltecos le siguen en número, posiblemente unos dos millones o más repartidos nacionalmente; Son muy similares a los anteriores, pero en mi opinión son más reservados y ahorrativos; Entre los inmigrantes de Centro América hay un gran porcentaje de mujeres, quizá hasta un 35% de ellas, dedicadas al área de servicio principalmente.

Los nicaragüenses constituyen otro grupo de consideración, radicados primordialmente en Miami, aunque hay bastantes en

150

California, se distinguen poco de sus regionales, pero a mi ver, son más espontáneos o abiertos de carácter.

Costarricenses, hondureños y Belicenses, son grupos menores provenientes de esa región, quizá por la tranquilidad política o fertilidad de sus tierras patrias, pareciera que son los menos necesitados a emigrar.

Una curiosa situación es la de Panamá, que geográficamente está en Centro América, ha estado separada del grupo inexplicablemente; su gente es alegre y trabajadora, hay un considerable número acá.

Todos o casi todos los ciudadanos de esa zona tienen un gran respeto, quizá admiración por México, porque desde mucho tiempo atrás han disfrutado de su música, cine, productos industriales, etc.; algunos actores de cine, televisión o cantantes populares son verdaderos ídolos allá. Algunos centroamericanos se sienten lastimados cuando algún mexicano hace un alarde innecesario respecto a lo anterior.

De Suramérica han venido principalmente de Colombia, Venezuela, Ecuador, Perú, Brasil, Chile y Argentina, pero también de todos y cada uno de los países que forman el Hemisferio Sur; lógicamente que entre más lejos se encuentren del norte, más difícil o costoso será el viaje, por tanto, vienen mayormente los que tienen poder económico como comerciantes, profesionales o artistas; la mayoría de los suramericanos son amigables, practicando el panamericanismo con los que hablamos el mismo idioma.

CAPÍTULO LVII

La Doctora Doméstica

Últimamente se ha observado un auge de inmigrantes con título profesional procedentes de Centro América, resultado de la situación económica-política de sus respectivos países, por lo que optan por probar suerte acá; Al no ser válido su Título en este País, ellos al llegar están dispuestos a trabajar en lo primero que encuentran; He sabido de un Ingeniero de Guatemala, manejando un camión de basura; un pasante de medicina de Costa Rica, limpiando albercas en Beverly Hills; un dentista de Honduras, desempeñando su Profesión en baños públicos; Contador Público de El Salvador, vendiendo helados en un camión; otros laborando como meseros, cantineros, mecánicos, vendedores ambulantes, etc. Una cómica situación fue la de una Doctora Pediatra de un país suramericano que vino de vacaciones a la casa de una vieja amiga; después del afectuoso recibimiento surgió la siguiente conversación entre ellas.

Doctora.—¿Qué tal Lorena, en que trabajas acá?

Lorena.—Limpiando casas de ricos.

D.—¿Como, de sirviente?

L.—Así es, pero me pagan 60 dólares por cada casa que aseo.

D.—¿Que no eres secretaria bilingüe titulada?

L.—Lo soy, cuando llegué aquí, conseguí colocarme como Cajera en un Banco donde me pagaban un promedio de 120 dólares a la semana, lo cual gano ahora en un día cuando aseo dos residencias en 10 o 12 horas de trabajo.

D.—¿Y, has pensado en tu futuro?

L.—Estoy estudiando Enfermería en mis tiempos libres; este es el país que cuenta con más personas enfermas en el planeta.

D.—Claro!, tiene muchos millones de habitantes. Oye, estoy pensando me consigas trabajo a mí, en eso, lo digo en serio.

L.—Lo intentaré, veremos algunas Agencias de Empleos en Beverly Hills, quizá logres trabajar para alguna estrella de cine o productor.

Total, que la Pediatra trabajó como servicio doméstico parte del tiempo de sus vacaciones, ganando lo suficiente para pagar su boleto por avión. Por otra parte, también está el reverso de la moneda, cuando algunos profesionales se proponen tenazmente a obtener su respectiva licencia o revalidación de su título, logran cambiar por completo su porvenir; empiezan a ganar altos sueldos gozando de una vida muy desahogada, principalmente los Médicos que sus servicios son muy caros, al no existir en Estados Unidos ningún programa de servicio médico para gente de bajos recursos o reglamentación sobre costos en Clínicas o Hospitales. No es extraño encontrar a esos profesionales en consultorios, oficinas legales, oficinas de reporte de impuestos, vendedores de casas, terrenos o automóviles, restauranteros u otros negocios variados, hablando inglés con un marcado acento latinoamericano; locutores de radio y televisión, los hay bastantes, incluyendo accionistas de algunas estaciones que trasmiten en Castellano.

CAPÍTULO LVIII

Novela De La Thaur

Un considerable número de inmigrantes en Estados Unidos tiene un serio problema: Aficionarse demasiado a los Juegos de azar. En mayor número los hay chinos, filipinos, vietnamitas, europeos, del medio oriente, gitanos e hispanos.

Mexicanos son pocos, pero de "hueso Colorado", muy apasionados, de ambos sexos, algunos hasta llegar a la ruina económica y moral.

Un caso verídico, novelesco es la historia de Maribel, de Santiago Escuintla, Nayarit; un cubano amigo mío, la describe así: Estatura mediana, muy bien proporcionada anatómicamente, de cara triangular, tez blanca, ojos grandes castaños, pelo largo ensortijado y apariencia de adolescente, no obstante haber cumplido 30 años de edad y ser madre de tres muchachos.

Al quedar viuda Maribel a joven edad, decidió emigrar a E.U., recibiendo comentarios de sus vecinas, al planear su viaje, como este: Ya vas a E.U. a trabajar de sirvienta, como otras"; ella se proponía demostrar que la mujer no nació solo para el quehacer—doméstico. Llegó a Los Ángeles hace unos pocos años, trabajó como mesera, cajera, obrera, para finalmente conducir un auto de alquiler en lo que pronto progresó al grado de que en 12 meses compró su propia unidad.

Una mala noche visitó un Casino de Juego de Cartas pero en ella había una afición por los juegos de azar, por lo cual regresó a los dos días totalmente dispuesta; empezó apostando cortas sumas, duplicando su dinero casi cada noche, perdiendo poco a poco su interés por el trabajo; ¿Para qué?, no era necesario trabajar, el Casino daba más en forma fácil, divertida, cómoda. Cuando decidió aumentar las apuestas, la mayoría de las veces tuvo las de perder.

Quedó en la situación de trabajar para juntar un puño de billetes para ir corriendo al casino; no sabía a estas alturas si era por necesidad de obtener más dinero o era que la enfermedad del raro placer de riesgo-emoción-triunfo, del jugador le estaba ya entrando en las venas. Ocasionalmente ganaba algunos cientos de dólares, pero raramente se iba a su casa, ella quería más, siempre más, pasando lo contrario, a las 12 o 20 horas de estar jugando salía de aquel antro sin un dólar en su bolsa; marchaba desvelada, mal comida, rendida a su casa, llorando, maldiciendo haber conocido ese lugar, jurándose no volver nunca más. Estaba caminando no sobre la cuerda floja, pero sobre la cuerda tensa del alambrista que noche a noche se juega la vida. A Maribel, la enfermedad se le había complicado con el virus de revancha-ilusión de recuperar-ambición. Al recobrarse física pero no espiritualmente, volvía con 200 o 300 dólares, según ella a recobrar algo de lo perdido o al menos duplicar su dinero, como cuando empezó este negocio unos 16 meses atrás; "El Jugador que juega por necesidad, pierde por obligación", o por desesperación, por ambición, o porque es presa fácil, cordero para lobos o coyotes, entiéndase tahúres profesionales.

Una de esas noches al quedarse derrotada, viendo a su vecino de mesa ganando varios miles de dólares, Maribel decidió usar sus armas femeninas, otro error más en su vida. Fue cuando vendió su cuerpo, empezando su carrera de mujer de alquiler como su taxi; ese jugador de mediana edad le pagó una buena suma por unas horas de intimidad, luego otro amigo de alcoba, luego otro, hasta perder la cuenta; en esa nueva actividad obtenía efectivo rápido para ir a depositarlo invariablemente al casino. Ella en lo más íntimo de su ser no se sentía del todo mal, esas cortas sesiones de apuestas eran como un bálsamo en la herida de desesperación y esperanza que de una vez solucionaría sus problemas de deudas que se le habían acumulado teniéndola acorralada. Ganando a ratos, perdiendo siempre al grado de sentir satisfacción al dejar la mesa, pensando: "Eso merezco por estúpida, como no me levanté cuando iba ganando". Sin embargo, todavía quedaba algo de dignidad en ella, al sentirse muy mal cuando algunos de sus conocidos comentaban en esta forma: "Esa mujer tiene conque sacar dinero para seguir jugando, en cambio nosotros no", a lo que ella reaccionaba histéricamente.

Uno de esos eventuales amigos de alcoba fue Francisco, un cubano a quien le debo toda esta información, según él, Maribel lo trató no profesionalmente, sino en una forma familiar como a un esposo o novio, transportándolo en su auto de alquiler, cosa que hacía normalmente con hombres de mediana edad, por lo que es de imaginar que más de cuatro galanes otoñales suspiran cada vez que ven pasar un auto verde-blanco con números de orden y la palabra TAXI en la portezuela.

La enfermedad del alma seguía consumiendo a Maribel quien pasaba días enteros sin salir de aquel "desplumadero", por lo que en poco tiempo perdió su frescura juvenil, tornando su sonrisa en un gesto de amargura o dolor, ocasionando con eso no poder conseguir nuevos clientes para su nueva profesión a la vez que los antiguos siempre perdían su dinero o pedían amor por amistad.

Hay una verdad que el mismo apostador trata de ignorar que en algunos casinos usan trucos para quedarse con la mayor parte del dinero que allí llega; barajas marcadas, intercambio de cartas entre jugadores, espejos o ventanillas ocultas, cámaras de circuito cerrado, agilidad de manos del despachador, distracción son algunos de los medios de los que se valen los verdaderos fracasados; "El jugador que limpio juega, limpio se queda".

Maribel ha sabido de tristes historias de varios de sus amigos de esta maligna afición como son las de los siguientes:

José Hernández, un chilango que en un juego chino de piezas de hueso grandes como domino gigante, llamado Pai Gow (Domino-9), en el cual es difícil hacer trampa, logró en una semana de contracción, ganancias de un millón de dólares a un grupo de mandarines, incluyendo una rica dama apodada "La Dragona"; La ambición no solo rompe la bolsa, sino que también quiebra el normal razonamiento; eso fue lo que le pasó al paisano, causándole perder de vuelta no solo el millón pero también su negocio de carrocería, sufriendo tal decepción que le provocó un ataque cardíaco, muriendo a la edad de 47 años; "La Dragona" aumento un millón más a su cuenta.

Roberto Galván de Durango, quien en una especie de lotería promocional que hace un Casino, una noche ganó 20 mil dólares, este joven inmediatamente cambió su mente, abandonando su profesión de sastre para dedicarse tiemplo completo al juego; estuvo feliz 6 meses subiendo y bajando su capital hasta que repentinamente perdió todo, como si lo hubiesen estado cazando; fue entonces cuando empezó a ingerir drogas, según para mermar su angustia, acabando por suicidarse.

Mirta, la abarrotera; Lupito, el mueblero; Graciano, el mecánico; Rutilio, el joyero; Fernando, el dentista; Adolfo, el panadero; Arturo, el fumigador. son algunos de los muchos que han perdido sus negocios o abandonado profesiones por esa apasionada afición que les ha hecho perder el control de su voluntad.

Maribel sigue en la misma actividad o des actividad, solo que ahora se la pasa pidiendo de 5 a 10 dólares a jugadores que están ganando, los cuales, apuesta en otra mesa, con lo que en ocasiones logra acumular unos cientos de dólares, pero no se retira hasta perderlos de nuevo; ninguna suma es suficiente para ella, ha perdido su carácter, su fuerza de decisión, su capacidad para renunciar.

Ella es todavía joven, no ha llegado a los 35 años de edad. ¿Logrará rehabilitarse o caerá más bajo en la pendiente?, a Ud. lector le corresponde pronosticar el final de esta novela verídica.

Se cree que la enfermedad de Maribel, como la de muchos otros es hereditaria e incurable, puede estar latente en la persona por un lapso corto o largo para brotar inesperadamente. Solamente hay un tratamiento: Espiritualidad, manteniendo la mente ocupada para reforzar la fuerza de voluntad.

Refugiados Políticos Y Económicos

Muchos hemos venido a los Estados Unidos de América por razones económicas, otros por persecución política en sus respectivos países como fueron o son rusos, chinos, coreanos, vietnameses, cubanos o centroamericanos; a esos refugiados se les ha recibido con los brazos abiertos gracias a las Leyes de la Constitución, al grado de que se les conceden privilegios especiales en ayuda gubernamental; esa ayuda es en forma de cupones para comprar alimentos, dinero en efectivo para pagar renta de alojamiento, pensión del Seguro Social, hasta préstamos a bajo interés para comprar vivienda o poner algún negocio. Dichos refugiados dan la impresión de llegar con la mano abierta no para pedir, pero si para recibir todo lo que la Administración Federal o Estatal les proporciona con suma facilidad.

Esa política hacia los refugiados de proteccionismo ocasiona que muchos recién llegados encuentren un modo fácil para vivir cómodamente o hacerse ricos con rapidez, haciendo uso de los citados préstamos en efectivo, de un modo no muy honesto que digamos, daré dos ejemplos de los más comunes.

1. Al concedérseles esos préstamos a bajo interés, algunos de esos refugiados compran una casa de oportunidad, la habitan por un corto tiempo, al subir la plusvalía la venden obteniendo un buen dividendo; otros especulando compran un viejo edificio de apartamentos, desalojan a los antiguos inquilinos, para después volverlo a rentar a precios elevados, consiguiendo con eso amortizar el pago mensual del

préstamo. Un caso cómico ocurrió cuando unos señores orientales estuvieron intercambiando la propiedad de un inmueble entre si frecuentemente con la intención de elevar artificialmente el valor de la propiedad al grado de que en una de esas supuestas compra-venta pusieron el nombre de un perro como propietario, por supuesto en su idioma para que ajenos no se enterasen de la maniobra, solo una denuncia los descubrió. En este 1993, se pueden observar varias manzanas baldías a lado oeste del centro urbano de Los Ángeles, al lado de la Carretera 110 (Harbor Freeway), esa zona era habitada por gente pobre de origen hispano a los que les fueron comprando sus propiedades uno por uno, luego derrumbaron todo el vecindario manteniendo esos terrenos vacantes en espera de un comprador posiblemente japonés, quienes han demostrado mucho interés en invertir en EUA.

2. Otras de estas personas con capital adquirido del Gobierno Federal de esa fácil manera, inician alguna actividad comercial o industrial, si tienen éxito que bueno, pero si fracasan se declaran en bancarrota; como aquí funciona la Ley de Bancarrota en el sentido de que, al no poder pagar deudas, éstas son condonadas hasta cierto punto; por lo expuesto esas personas, no todas por supuesto, de una forma cómoda se enriquecen tomando ventaja de lo benigna que es la legislación con ellos.

Otro punto para señalar es la explotación que de algunos trabajadores hacen a algunas de estas personas en talleres, prestación de servicios, trabajos eventuales u otros, como se verá en el capítulo siguiente.

CAPÍTULO LXI

Orientales Haciendo Su Agosto

Muchos chinos, japoneses, coreanos, vietnameses u otros, han encontrado bastante campo de acción comercial en E.U.A., algunos honestamente, con perseverancia, con sacrificio, con celo ahorrativo, otros no tanto; Sus esposas trabajan tanto como ellos o más, así como sus hijos aun menores de edad los auxilian en sus negocios; Entre las diferentes nacionalidades practican una especie de hermandad, por lo que casi nunca compran a un ajeno a su raza surtido de mercancía si son comerciantes o algún artículo personal o alimenticio si son particulares.

Se sabe que son muy metódicos en sus alimentos o ingeniosos para proveerse de estos. En cajones dentro de sus casas, cosechan tallos de soya, alfalfa, cebada y otros granos; en jardines domésticos en lugar de plantas de ornato, cultivan diferentes clases de verduras para su consumo diario. Mi vecino, un viejo coreano, eliminó todo el césped de enfrente de su residencia, plantando ajo en su lugar. Lo anterior pereciera critica, pero más podría ser tornado como ejemplo a seguir por muchos pueblos hambrientos de América que han olvidado de alimentarse de vegetales como sus antepasados lo hacían.

A los orientales aceptados como refugiados políticos, al tener acceso a financiamiento gubernamental, crean algunas fuentes de trabajo como talleres de costura, restaurantes o tiendas, donde emplean a algunos hispanos, desafortunadamente en ocasiones esos pequeños empresarios explotan a sus empleados como se vio en el anterior capítulo. No todos los procedentes del lejano oriente son comerciantes, algunos fracasan al intentarlo, otros laboran con familiares o coterráneos como cocineros, encargados y mayordomos, es difícil encontrar alguno de ellos laborando en negocios que no sean propiedad de un paisano suyo, exceptuando grandes corporaciones o puestos o empleos de gobierno, donde se les da mucha oportunidad, otra vez por ser refugiados.

Se supone que estas personas por venir de naciones superpobladas o empobrecidas, al llegar a este continente encuentran un campo extenso de oportunidades en todo sentido; por ejemplo los hay, quienes rentan parcelas entre torres de energía eléctrica, así en cortas porciones de terreno cosechan hortalizas, fresas, plantas de ornato, así como viveros de toda clase de árboles; en esos reducidos espacios en medio de la urbanización es posible ver mujeres trabajando bajo el sol, con un niño atado a su espalda y con sombrero plano de paja en su cabeza. Pareciese estarse viendo una vieja estampa de un campo agrícola de la lejana Asia.

Todo lo anterior son observaciones personales o hechos que han salido a la luz pública por denuncia de los afectados, así como por noticias que he tenido de amigos que han trabajado para ellos los que han tenido comentarios positivos o negativos de sus ex patrones. Se puede aprender mucho de estas lejanas civilizaciones, las más antiguas de la humanidad en: medicina, química, filosofía, gastronomía, labranza, respeto familiar, amor al trabajo, economía, etc., pero también cabe mencionar viejos prejuicios fallas que tienen algunos de sus miembros.

CAPÍTULO LXII

Frijoles Dulces Y Enchiladas Sin Chile

Hay una gran variedad de platillos de todo el urbe en restaurantes acá; establecimientos mexicanos se encuentran por doquier, desde fondas para el gusto popular, hasta elegantes comedores en barrios de gente acomodada; comidas elaboradas pensando en el paladar del estadounidense. enchiladas en tortilla de harina, con mucho tomate y queso, pero sin chile; frijoles dulces parecidos a los llamados chili-beans; burritos (tacos en tortilla de harina), uno de los antojitos preferidos; tacos con mucha lechuga, queso, pero poca carne molida; más gran variedad de guisos con sabor dulce.

La cocina china se lleva el segundo lugar en número de negocios o compite por el primero entre las de origen extranjero. Por su variedad, sazón, además de considerarse muy saludable por usar muchos vegetales en su preparación, por lo que es recomendada por los dietistas, solo que se debe aclarar que en muchos sitios la preparan para el gusto "occidental", usando mucha grasa, restándole por ende beneficios digestivos, sin embargo se pueden encontrar lugares donde todavía la cocinan al estilo arcaico chino; una nota más al respecto es que algunos cocineros de comida oriental son mexicanos, entrenados en ese ramo.

Entre otros negocios elaboradores de comida, están los salvadoreños, debido al gran número de nacionales procedentes de ese país; sus guisos son muy parecidos a los mexicanos, siendo la "pupusa" el más popular de sus antojitos, la que es muy parecida a nuestra "gordita", solo que en la "pupusa", se elabora empezando con masa cruda, cubriendo con ella una porción de chicharon, queso o alguna verdura previamente cocida, para luego cocerla al comer; a muchos paisanos les ha gustado esa alternativa de el taco.

Tostadas, tamales, quesadillas, tacos, enchiladas y burritos, han tenido tanta aceptación entre el público estadounidense en general, que un rico empresario petrolero de Kuwait, compró en varios millones de dólares una cadena de establecimientos de comida rápida llamada Del Taco; otra cadena parecida que está teniendo mucho éxito se llama La Salsa, cuyos propietarios se dice son israelitas con raíces mexicanas al parecer.

En una vistita que a Los Ángeles hizo el Rey Husein de Jordania, al acudir a un elegante restaurant mexicano quedó muy complacido no solo con la comida, pero también; con la música del Mariachi que ahí amenizaba, que al momento contrató al grupo musical para que fuera a tocar a una fiesta en la misma capital de su reino, Amman. ¿No sería tiempo ya de exportar tacos al Medio Oriente?

Algunos consumidores ignorantes o mal intencionados han tratado de desprestigiar la cocina azteca, por lo que una importante cadena de negocios usa en su publicidad este lema: "Para nosotros la comida mexicana no significa solo chile y frijoles".

Contrataciones Y Deportaciones

Mucho ha trabajado el inmigrante mexicano al norte del Rio Bravo a través de más de 2 siglos, pero en la década de 1950 cuando el Programa de Contratación de Braceros funcionó, esa aportación humana fue en gran escala, a la vez que se cometieron muchas injusticias con ellos; mi padre, tíos y familiares fueron testigos de abusos cometidos por granjeros, así como por el Servicio de Inmigración y otros uniformados.

Esos Centros de Contratación para Trabajadores Huéspedes, como era el nombre Oficial del Programa, funcionó primero en Monterrey, N.L. luego en Empalme, Son.; Allí eran enrolados individuos por decenas de miles para ser enviados a cientos de ranchos de la Unión Americana donde eran confinados en baracas de donde no podían salir después de sus labores que normalmente eran de 12 a 14 horas diarias, claro que había patrones humanitarios y agradecidos. México se benefició con el ingreso de muchos miles de dólares que esos braceros llevaron a su regreso, lógicamente E.U. se benefició 10 veces más con la producción principalmente—agrícola-ganadera que esos trabajadores hicieron.

Era la época en que la mayoría de las labores rurales se hacían manualmente, no estaba tan avanzada la maquinaria, hoy día una sola de esas máquinas con uno o dos operadores, puede desarrollar el trabajo de 50 o más hombres por jornada; las hay desde piscadoras de toda clase, orientadoras de vacas, bombas portátiles de riego, etc.

Así E.U. requería la ayuda de su vecino del sur, por no contar con esa técnica, pero también por escasez de mano de obra local, recuérdese que en la década anterior E.U. había participado en gran escala en la 2 da. Guerra Mundial y en esos años 50 tenía necesidad de mantener un Ejército enorme por estar involucrándose bélicamente en Corea.

Por ese tiempo el que escribe fue enviado a Monterrey, N.L. a estudiar, recordando ver a miles de aspirantes a braceros por todos lados, siendo posible adivinar de que región procedían los diferentes grupos por la clase de sombrero que portaban: Saguayo, charro de faena, norteño en variedad, jarocho, potosino, suriano, chinaco, etc; Estas personas venían de pueblos, villas o aldeas, con su cara de asombro e ingenuidad; se podía verles tomarse de la mano dos o tres de ellos, luego correr al cruzar una avenida ancha, con la anterior descripción pretendo se perciba la clase de gente que era: sencillos, obedientes, dispuestos a toda clase de trabajo rudo, lo que aprovecharon al máximo los granjeros, pagándoles un sueldo fijo por larga jornada de trabajo diario, al tiempo que dándoles un plato de avena y un par de sándwiches como subsistencia más no como alimento suficiente.

Pero hubo algo peor, si un trabajador se cansaba de malos tratos, escapaba yendo a laborar a otro rancho cercano en busca de mejor vida, era perseguido por Agentes de Inmigración y Rangers Patrol (Policía Rural), al ser encontrado no solo era insultado, zarandeado, en ocasiones hasta "pateado" por los agentes, para posteriormente ser deportado. Esos Rangers eran los más déspotas, al grado de que eran temidos por los ciudadanos de este país con aspecto hispano. Hay que reconocer que todo eso pertenece al pasado, al presente todas las autoridades uniformadas son estrictas, pero corteses, salvo algunas excepciones; entre estos nuevos oficiales hay muchos de origen México-americano por lo que no sería difícil encontrar entre ellos algún descendiente de alguien que fue una injusta victima en el pasado.

Últimamente con el arribo de muchos indocumentados centro—americanos, asiáticos, europeos, caribeños, etc. es cada día más grande el desempleo en las ciudades, porque gran parte de las labores agrícolas siguen siendo desarrolladas por campesinos mexicanos, al menos al oeste de la Nación. Lo aberrante es que al inmigrante mexicano se le culpa de ser una carga al presupuesto gubernamental y provocar el desempleo, lo cual es falso por dos simples razones: 1 ra. Lo tocante al uso de Servicios Sociales Gubernamentales, estos son proporcionados en la Ciudad, donde la mayoría de ilegales son asiáticos, centroamericanos, europeos y demás, en el Campo donde están los mexicanos, no se les proporciona ni tan siquiera una aspirina gratis. 2 da. Sobre el desempleo se podrían repetir las líneas anteriores, los mexicanos son los cosechadores de alimentos agrícolas, tareas que a los anteriores inmigrantes no les interesa, mientras los ciudadanos del país detestan, al parecer.

Tal vez el porcentaje de indocumentados procedentes de México es de un 30% del total, pero se pretende hacerlo responsable de todos los problemas internos en un 100%, al menos en la mente de algunos políticos, sin ninguna ética como Peter Wilson.

CAPÍTULO LXIV

Esclavitud En Pleno Siglo Veinte

A principio d este siglo los Estados Unidos permitió abiertamente la inmigración de mexicanos para la colonización y desarrollo del sur de este país; fueron muchos los miles que vinieron, solo se tenía que pagar diez centavos para cruzar algún—puente sobre el Rio Bravo o absolutamente nada si se pasaba por alguna otra parte; a mediados de este mismo centenario se instituyó el Programa de Trabajadores Huéspedes o Braceros, para controlar la mano de obra necesitada y por el tiempo deseado; todo el tiempo ha habido injusticias al grado de deportárseles en ocasiones, sin pagárseles absolutamente nada después de cierto lapso de trabajo, enviándoseles de regreso a México con las manos vacías; eso funcionaba en casos aislados en combinación de patrones y autoridades, en forma no oficial, como en secreto, mayormente en los últimos 60 años, según familiares o amigos que sufrieron esas experiencias.

Pareciera que las injusticias y abusos pertenecieran al pasado, pero recién aconteció un suceso que se divulgó mundialmente, eso fue el Delito de Esclavitud y Extorción cometido por un ranchero californiano, según aparece en el periódico La Opinión de Los Ángeles de fecha veinticinco de marzo de 1992, en el cual se asienta:

"Ives (Edwin M.), de 55 años de edad, propietario del Rancho Somis en Ventura, es una de las once personas acusadas de mantener encarcelados a unos 350 trabajadores mexicanos y obligados a trabajar en el campo por salarios de un dólar la hora"; "Según el documento del Gobierno, Ives era uno de los capataces que dirigía un sistema de trabajo en el que los jornaleros trabajaban 16 horas al día con la cabeza rapada y siguiendo una disciplina similar a la exigida en un campo militar".

La extorción consistía en entregarlos al Servicio de Inmigración si no aceptaban pagar altos precios por alimentos; renta, proyección de películas, corte de pelo, etc., quedando un saldo al trabajador de solo 60 u 80 dólares por quincena, que es lo que se gana en dos días de normal trabajo.

Por fortuna la justicia del país es ahora más rígida en este aspecto, siendo muy pocos los casos que se dan como el anterior, en el cual el Fiscal Federal Carol L. Gillam, comentó que todas las víctimas serían debidamente compensadas económicamente y el acusado podría recibir hasta 18 años de prisión.

Esos delitos fueron cometidos entre 1984 y 1990.

Aun suceden abusos de patrones en el campo o en la ciudad, donde no se paga lo justo o se laboran horas extras sin remuneración, pero muchos casos no son reportados, por tener necesidad del empleo, ignorar a donde acudir o tener desconfianza del Sistema Judicial, por lo que patrones delincuentes quedan inmunes.

CAPÍTULO LXV

Creando Riqueza Sin Reconocimiento

El indocumentado o posteriormente legalizado es el que trabaja en la agricultura, ramo de prestación de servicios, obreros de pequeñas factorías, ayudantes de profesionales (por tener título que no es válido acá); Todos estos empleados, técnicos o profesionales, son los que reciben el pago más bajo en la escala salarial, enriqueciendo al ahorrar gastos, granjas, empresas, compañías y subsecuentemente la Nación entera.

La mayoría provenimos de México, dejando familia temporalmente, viviendo módicamente en compañía de amigos para entre todos pagar alojamiento, para poder sobrevivir con esos bajos ingresos, por términos desde unos cuantos meses hasta de 10 o más años como fue mi caso personal. En el campo agrícola casi siempre se trabajan más de 10 horas, durmiendo en galeras de hasta 50 personas, el alimento lo elaboran personas independientes como negocio de comedores a los que se les paga semanalmente el precio como la alimentación son aceptables; muchos de estos trabajadores vienen temporalmente por unos cuantos meses, marchando al finalizar la cosecha, algunos regresan a la siguiente temporada, otros hasta la siguiente primavera, como aves migratorias. En la ciudad se vive en apartamentos en sociedad de 4 o más amigos, pagando la renta entre todos, economizando lo más posible al elaborar cada quien sus propios alimentos; algunos desarrollan dos empleos diferentes de seis o más horas alternadas, para de esa manera poder mantener a su familia en

México; los empleos citadinos son casi siempre estables, por lo que muchos de estos inmigrantes legalizan después su situación como la de su familia, a veces.

Estos trabajadores como todos pagan impuestos, cuota del Seguro Social, Seguro de desempleo más otras deducciones; cuando se compra alimentos, ropa, muebles o automóvil, este último muy necesario al tener que recorrer grandes distancias, se vuelven a pagar impuestos; con esto se pretende señalar que entre más se trabaja más se gasta, más se coopera con la Fiscalía u otras aportaciones a las Tesorerías del Gobierno. Ahora un párrafo de un artículo aparecido en Los Ángeles Times de fecha 6 de enero de 1992: "Los inmigrantes contribuyen grandemente a la Economía, pagando billones anualmente en impuestos, llenando trabajos de bajo salario, ayudando a mantener la economía doméstica competitiva y desarrollando inversiones en la creación de trabajos en comunidades anteriormente decaídas. Muchos estudios sociales concluyen que los recién venidos, en vez de sangrar la Tesorería del Gobierno, contribuyen en mucho más de lo que ellos reciben en servicios", concluye este acertado artículo.

Entrar ilegalmente a Estados Unidos de América o de cualquier país del mundo es un delito, pero esa falta ha sido tolerada por el Gobierno de esta Nación, por conveniencia propia que en la práctica ese incumplimiento de la Ley da por resultado una valiosa aportación a su economía, así como ser una alternativa benéfica en tiempos críticos por los que ha atravesado esta Nación.

El trabajador indocumentado es como una Fuerza de Reserva del Ejército del Trabajo, que cuando es necesaria está disponible en cualquier momento en el patio vecino (República Mexicana);

Cuando esa reserva no es necesaria, se trata de ignorar o desintegrar; si ese Ejército pierde una batalla, no la guerra, digamos como deficiente producción, baja exportación de productos, desleal competencia, excesiva importación, en ese caso a la reserva hay que culpar para no admitir errores domésticos.

Otro aspecto relativo es que cuando E.U.A. ha estado involucrado en Guerras Mundiales o Regionales, es sabido que casi abrió su Frontera Sur para que muchos inmigrantes vinieran a llenar puestos que los nacionales no estaban en situación de desempeñar por encontrarse ausentes, incapacitados o lamentablemente fallecidos; triste pero cierto. Sin ir muy atrás en 1968 durante el conflicto bélico de Vietnams, E.U. solicitó por medio de avisos publicitarios, ayuda de su país vecino de mano de obra capacitada, ofreciendo Visa de Inmigrante Permanente a Técnicos que desearan trabajar acá; mi primo Cristóbal fue uno de tantos de los que vinieron esa época.

Ese individuo, extranjero hombre o mujer mayormente mexicano desde jornalero, técnico o profesional; Desde domestica hasta médico, por siglos a engrandecido esta Nación, con trabajo instante, rudo o mal pagado, aunque pública u oficialmente se niegue o reste mérito, puesto que por conveniencia es mejor ignorar que agradecer, desconocer que aceptar.

CAPÍTULO LXVI

El Inmigrante Incriminad

En los últimos tiempos el inmigrante mexicano has sido injustamente acusado de ser culpable de algunos problemas internos en E.U., desde tomar empleo que les corresponde a los ciudadanos;

Ser una carga para el Presupuesto Gubernamental para Servicios Públicos; hasta corromper la moral pública, amén de otras calamidades que se les achaca.

Someramente opinaré sobre esas acusaciones:

1. Tomar empleo que les corresponde a los ciudadanos. En el pasado eso fue totalmente falso, en el presente no es exactamente verdad, puesto que el extranjero trabaja en el campo o la ciudad en labores que los nacionales no quieren o detestan por ser mal pagados o pesados; Sin embargo por la recesión económica real por la que atraviesa el País, muchos de esos ciudadanos se ven forzados a desempeñar empleos mal remunerados, simplemente para subsistir, a algunos de ellos los he oído exclamar: "Estoy trabajando como un mojado". Se ha dicho que si todos los indocumentados más de un millón decidieran voluntariamente regresar a sus países al unisonó, no solo se perderían muchas cosechas, cerrarían muchos negocios, muchas damas ricas no podrían acudir a sus trabajos al tener que atender su hogar personalmente, restaurantes y hoteles no podrían prestar sus servicios normalmente, aun las oficinas de servicios sociales o Welfare les serian recortados sus fondos monetarios, al percibir las oficinas de impuestos menos ingresos de esas personas

que dejarían de trabajar. Al menos en California sería un caos, un verdadero desastre.

2. Ser una carga para el Presupuesto Gubernamental. Se ha comprobado en Estudios de la Universidad de California que es totalmente lo opuesto; el inmigrante coopera mucho más en Impuestos y Cuotas de lo que le correspondería recibir a cambio en Servicios Sociales, en el Capítulo siguiente se da una explicación detallada al respecto.

3. Corromper la moral pública. Un absurdo insulto; Cuando cierto político fracasado hizo esa descabellada declaración, seguramente trataba de justificar en una forma cínica el deterioro de las normas morales de la población, arrojando "la papa caliente" a otras manos; el problema proviene de la médula de la Sociedad Estadounidense; poca supervisión de la juventud por par parte de padres, maestros y autoridades, sumando a eso que se da cero educación en muchos hogares, pero si mucha tolerancia en todo sentido; pornografía, crimen y violencia en cine, televisión u otros medios públicos de expresión; pareciera más bien que esta Nación en vez de ser influenciada por el exterior, exporta mucho de ese material. Respectó a drogas no permitidas, es verdad que mucha ha entrado por la Frontera Sur, pero hay tres puntos cardinales mas que ha sido la ruta de muchísimo más ingreso. Diferentes substancias prohibidas proceden de Asia, India, Europa, Medio Oriente, Suramérica, Caribe, etc. A eso se agrega que dentro del país se produce mucha droga sintética, tal vez más perjudicial que los antiguos estupefacientes. Una incógnita que está en el aire: ¿Por qué no se castiga debidamente al consumidor?, está atentando en contra de una vida, la suya propia.

Es un hecho aceptado que el país está pasando por un lento declive en su economía, un aumento demográfico acelerado a pesar del control artificial natal, mayor importación que exportación de determinados productos industriales más otras causas complejas, todo lo cual ocasiona cada día más desempleo. Así que es de esperarse que el inmigrante que ha estado viniendo desde antes de que esta Nación existiera, que ha sido valiosamente útil, sea en futuro considerado un estorbo, objeto de persecución, encarcela amiento, hasta quizá deportación arbitraria, una vez más.

CAPÍTULO LXVII

Declaraciones De Políticos

Hace poco el Gobernador de California Peter Wilson culpó abiertamente del déficit que tenía el Presupuesto Gubernamental para Servicios Públicos a los inmigrantes mexicanos indocumentados, a lo que varias Organizaciones Cívicas le contestaron con estadísticas recientes; un reporte de Los Ángeles Times del 6 de Febrero de 1992 textualmente dice: "En el Condado de Los Ángeles, inmigrantes ilegales, mayormente de México, generaron casi tres billones de dólares en diferentes impuestos durante 1991-92, de acuerdo con un estudio del condado que asumió una población indocumentada de 770,000, un día ese número será menor, pero el grueso de esos fondos, 1.7 billones fue en forma de impuestos federales y Cuotas del Seguro Social". Eso quiere decir que la mayor parte de esos millones de millones fueron directamente a las Áreas de la Nación, regresando una mínima cantidad como subsidio al Estado, mientras lo restante, principalmente lo del Seguro Social, una parte jamás será reclamada por inmigrantes temporales que regresan a su lugar de origen permaneciendo allá por el resto de sus vidas.

Poco después de aparecer el reporte en el prestigiado Diario, el Gobernador Wilson cambió de opinión, reuniendo a los reporteros declaró: "Este no es un problema de los inmigrantes. Es un problema de gente pobre. Nosotros hemos recibido un grandioso número de inmigrantes que han enriquecido substancialmente el Estado" Los Gobiernos Estatal y Federal gastan mucho en proporcionar Servicios

174

o Beneficios a inmigrantes, es verdad, pero inmigrantes procedentes de Asia, Rusia, China, Cuba, etc., los que al ser aceptados como refugiados políticos casi son mantenidos desde que arriban, el mexicano o latinoamericano recibe una ínfima porción del "pastel gratis".

Cuando el Gobierno Federal aprobó la Lay de Amnistía General en 1986, para que muchos que residían acá ilegalmente normalizaran su situación; esa indulgencia fue concedida no por benevolencia sino por así convenir a los intereses de la Nación, al firmar el documento el Sr. Ronald Reagan, expresó: "Hemos descuidado la vigilancia de nuestras fronteras", solo que olvidó, como solía ocurrirle, mencionar que muchos más miles de ilegales arriban por aire y mar, incluyendo factiblemente a su abuelo procedente de Irlanda, sin documentos migratorios.

Cuando el Sr. Jimmy Carter era presidente dijo una frase parecida a esta: Con excepción del Indio Americano, todos los demás somos extranjeros en este país, o con excepción del Indio Americano todos los demás hemos venido del extranjero, no recuerdo exactamente las palabras, las que si recuerdo fueron las dichas por otro Presidente: "No preguntes que puede hacer la Nación por ti, pregunta que puedes hacer tu por la Nación". John F. Kennedy.

CAPÍTULO LXVIII

Un Texano Ejemplar

Es mucha la fama en el sentido de que en anglosajón del sur incluyendo al de Texas, es racista, intransigente e intolerante; que el del norte es culto e industrioso; que el del oeste es amistoso. En todas partes hay gente torpe e inteligente, honesta y perversa, buena y mala; Los dedos de una mano no son iguales, siendo hermanos; no se puede juzgar o premiar a todos por las acciones de algunos.

En estos párrafos deseo exaltar la memoria de un buen texano: Lindon B. Jonhson, quien con simpatía y buenas acciones no solo se ganó la amistad de sus colegas, público anglo-sajón, votantes de otras razas, pero también la confianza del pueblo texano más antiguo, el de origen mexicano.

Siendo su padre un rico ganadero, Lindón se crio en el campo trabajando cuando era joven en faenas rurales, en compañía de peones mexicanos de ambos lados de la frontera; después cuando fue profesor contó entre sus alumnos algunos México-americanos a los que trató sin distinción.

Inició su carrera política que fue siempre en ascenso constante; hasta llegar a Senador por su Estado, al tiempo que fue seleccionado para candidato a Vice-Presidente por John F. Kennedy, para finalmente ocupar la presidencia a la muerte de este; elegirlo para candidato fue una inteligente decisión del Sr. Kennedy, ya que no solo obtuvo un valioso colaborador, sino que se benefició a si mismo con los votos que Jonhson atrajo para ambos.

El presidente del país más poderoso del Mundo, Lindo B. Jonhson, un hombre de aspecto rudo, era de finos sentimientos, por lo que hizo por un campesino mexicano; Pedro Vázquez trabajó en el rancho propiedad del padre del Sr. Jonhson, durante varios años sin poseer visa de residente legal; al fallecer su patrón Vázquez decidió regresar a México; pasó algún tiempo hasta que el Sr. Jonhson ocupó la Presidencia, fue cuando Pedro le envió una carta al Mandatario solicitándole su ayuda para obtener su Visa de Inmigrante, para su sorpresa al poco tiempo recibió contestación personal del Presidente ofreciéndole su intervención en el trámite de dicho documento.

¿Recordaría Lindón B. Johnson que, en su adolescencia, Vázquez le enseñó a montar a caballo, lazar ganado, entre otras cosas? Sea como hubiese sido, lo que demuestra esa actitud es la personalidad de un hombre que llegó a ocupar tan elevado puesto, donde diariamente alternaba con primeros ministros, presidentes y reyes, ante todo nunca perdió la humildad de espíritu.

CAPÍTULO LXIX

Una Dama En Peligro

Existe una bella dama honesta, buena pero débil de carácter, muy fácil de influenciar, ella es la democracia de los países libres. Donde ha estado esta dama ha favorecido la promulgación de leyes para normar la convivencia del ser humano con los de su especie, medio ambiente y animales, además de garantizar la libertad en los Estados Unidos, gracias a estas Leyes fueron admitidos, al principio, muchos europeos que venían huyendo de reyes tiranos, emperadores injustos o Zares déspotas; gracias a ella muchos de nosotros hemos sido admitidos también. La Democracia es maravillosa, pero no perfecta, por lo que muchas veces se duda del resultado en elecciones, debido a la influencia que se ejerce en los votantes por medios publicitarios, compromisos sindicales o conveniencia de raza, religión color o sexo.

Atenas en la antigua Grecia fue la Ciudad-Estado donde nació esta casi perfecta forma de gobierno, que estaba constituido por una asamblea electa por el pueblo. Eso fue por los años 400 A.C. cuando Pericles era la cabeza de gobierno, sus palabras o discurso de esas fechas, suenan muy actuales: "La nuestra es una Democracia porque el poder está en las manos, no de una minoría, sino en toda la gente, aquí cada individuo está interesado no solo en sus propios asuntos, pero también en los asuntos del Estado. Nosotros decimos que un hombre que no tome interés en política es un hombre el cual prefiere sus propios negocios; nosotros decimos que él no tiene negocios aquí para nada". Pericles logró instituir Cortes de Justicia con jurados del pueblo contando con un numero de 101 a 501 miembros.

Por haber casi mundialmente el derecho de expresión, daré mi opinión al respecto, a lo cual, con todo derecho, algunos no estarán de acuerdo, mientras otros lo aprobarán. Mi tesis es que en E.U.A., los electores actúan 'en block', es decir en grupos compactos dando su apoyo a determinado candidato, respecto si el postulado es blanco, mujer, negro, hombre, católico, judío, etc. Es de suponerse lo que se puede esperar cuando surge o llegue a surgir un candidato para un mediano o alto puesto, reuniendo esa persona dos o tres de las mencionadas clasificaciones; sería no solo un contendiente con muchas probabilidades de ser electo, siendo que tal vez se trate de una persona no capacitada o con prejuicios mentales para ocupar dicho puesto; eso sería desfavorable para la mayoría de la ciudadanía que su voto entre a otros candidatos o precandidatos.

Al votante hispano o de origen latinoamericano se le considera desunido, la verdad es que como no es una raza, sino una mezcla internacional de varias es por lo que su voto es realmente democrático, sin interés de grupo, que en la práctica le resulta totalmente desfavorable. Solo hay una vinculación entre este conglomerado: La lengua materna, el español, por lo que algunos líderes, con acierto, han logrado hacer sentir el peso de este importante electorado.

Como dije al principio, estas son observaciones personales a las cuales podría estar equivocado en mis deducciones, pero creo es digno de estudio para personas capacitadas, en virtud de que cualquier cambio político que acá aconteciese, repercutiría en muchas naciones del continente americano principalmente, afectando no solo a los emigrantes sino a todos los seres que habitamos los diferentes pueblos, amparados en esta Dama con muchos siglos de existencia pero rejuvenecida por los filósofos franceses en el siglo XVIII.

CAPÍTULO LXX

Riesgos De La Gran Ciudad

Es lamentable que, en toda ciudad grande del mundo, hay mucho crimen; Los Ángeles es una de las más peligrosas al grado de que por algunos barrios no se puede transitar por la noche sin el grande riesgo de ser atacado; pandillerismo, tráfico de drogas, violación de mujeres, robo de autos a mano armada, obligando al conductor a bajar a veces hasta asesinándolo, robo de bancos o asaltos a transeúntes, están entre los delitos más comunes. No pretendo hacer un análisis general, narraré algunos hechos aislados acontecidos a mis amigos o a mi persona.

1. Un amigo tenía una carnicería en el área de Lincoln Heights, negocio por medio del cual daba el sustento a hijos, hermanos y padres; una noche al estar cerrando el local, entraron seis hombres negros armados exigiendo el dinero de la caja, por lo que al momento su padre hizo el movimiento de abrir un cajón de un escritorio por lo que al instante fue muerto a tiros, al tratar de intervenir la madre, mi amigo interpuso su cuerpo por lo que fue muerto en la misma manera; después de extraer el dinero de la registradora, los asaltantes huyeron en un automóvil que los esperaba con el motor encendido.

2. A un hermano de un compañero de trabajo lo asaltaron con pistola en mano dos muchachas hispanas, casi niñas de las llamadas "cholas" (pandilleras), el hombre portaba también pistola, la cual disparó matando a una de las muchachas; el hombre no fue ni tan siquiera arrestado, solo fue citado, comentó uno de los policías que

le presentó el citatorio, que esa acción defensiva era muy apropiada y que lo más probable es que quedara libre bajo una pequeña fianza o absuelto del todo. Eso suena como justicia callejera o ley de la selva: mata si no quieres que te maten. ¿Hasta dónde iremos a llegar?

3. Cuando otro amigo y su esposa salían de presenciar un partido de Futbol del Coliseo de Los Ángeles, la dama se adelantó unos metros, cuando alguien gritó: "Están robando a la señora"; el marido corrió en su auxilio viendo que forcejeaba con un adolescente negro que trataba de arrebatarle el bolso de mano, el joven al ver al hombre venir en su dirección, soltó su presa, empezando la mujer a vociferar: "Níger estúpido"; Al oír eso un grupo de compañeros del adolescente, se encaminaron en forma amenazante hacia la pareja, al mismo tiempo que por el lado opuesto otro grupo de hombres latinos se fue acercando; por poco se forma una batalla campal por motivos raciales, por suerte no pasó de palabras y ademanes obscenos.

En lo personal he sufrido algunos cuantos asaltos o intentos de robo, contaré cuatro, los más peligrosos sin haber pasado consecuencias, a Dios gracias.

a) Al salir de un cine por la noche tres jóvenes latinos me ordenaron: "Pase la feria Maestro, pero ya", a lo que contesta: ¿Por qué me quieren fregar a mí, que no somos paisanos?, con esas palabras fue como tocarles el fondo de sus venas porque como corderitos dieron la media vuelta y se alejaron, uno detrás del otro.

b) Esperando el autobús en una esquina del centro de la ciudad, se me acerco un hombre negro con más de dos metros de estatura, ordenándome: "Dame tu dinero", al tiempo que extrae la de su bolsa una navaja de muelle como de 10 pulgadas la abrió poniéndosela debajo de la manga de la camisa, sujetándola por la empuñadura en manera intimidante; en eso recordé que traía tres monedas "de plata" de un dólar en mi bolsillo, las tomé poniéndoselas al asaltante en sus manos, él replicó: "No, quiero tu cartera"; acelerando mis pensamientos al máximo, di un salto hacia atrás para emprender carrera hasta entrar al lobby de un hotel, el ladrón no se molestó en seguirme; en la cartera traía 300 dólares, que hubiera entregado de no haber otra alternativa a cambio de salvar mi vida. Días después comentando eso con un anciano este me aconsejó: Nunca portes mucho dinero, pero siempre lleva algo contigo, ya que, si te asaltan y no traes nada, pueden pensar que estas mintiendo, trayendo oculto el efectivo por lo que la puedes pasar muy mal"; O sea que es casi necesario cargar un poco de dinero para calmar la ansiedad tal vez de un drogadicto y evitar ser agredido. ¿Es esto creíble?, lo es, aunque no lo parezca, según se sabe o se comenta en periódicos locales.

c) Caminando por una solitaria calle un día, me tomaron por los brazos dos muchachos latinos con la misma intención de los anteriores; esta ocasión fingí saber el arte de la defensa personal (karate), haciendo movimientos rápidos, tirando puntapiés al aire, alternando con posición en guardia; esta vez para mi sorpresa, los asaltantes se retiraron como perros corrientes.

d) Cuando vivía en Glendale, Ca. por la calle Central, junto con otros cuatro paisanos, una noche fuimos tres de nosotros a la tienda cercana a comprar cerveza, cuando veníamos de regreso con un paquete cada uno, tres jóvenes anglo-sajones bastante espigados nos toparon tratando; de arrebatarnos los paquetes, para lo cual sujetaron a uno de nosotros por el cuello al tiempo que los otros nos daban empellones: Gran sorpresa se llevaron; Uno de los nuestros era boxeador amateur peso walter, por lo rápidamente noqueó a dos de ellos, el tercero salió huyendo. Evidentemente esa noche tuvimos una razón más para "celebrar" con el licor que no pudieron obtener gratis los aspirantes a bandidos.

México, ¿Dentro De Una Isla?

Muchos estadounidenses que viajan por el mundo entero como comerciantes, militares, diplomáticos o turistas, se refieren a su país como AMÉRICA, eso ha creado cierta confusión en gente inculta de lejanos países, por ejemplos: Un Filipino me comentó que tenía un buen amigo mexicano, al preguntarle de que Estado era;, me contestó que de El Salvador; Un Paquistaní, pensaba que México era una isla, puesto que él había oído mencionar Norte, Centro y Suramérica, sin ser mencionada esa Nación, en ninguna de las tres divisiones geográficas; Un ciudadano originario de Taití, me consultó que si Sinaloa era vecina de Hawai, ya que alguien le confundió su origen como mazatleco. Vinieron en fechas remotas, en embarcaciones de bambú, de las Islas del Pacifico a Costas Mecanas, algunos exploradores. Si eso ocurrió, tal vez fue el motivo por lo que algunos exploradores Iberos pensaron que los costeños eran mulatos por ser más morenos que los del interior.

Es risible la ignorancia que tienen algunos estudiantes de secundaria en geografía, acá. En una encuesta televisiva, entre ellos, esto fue lo que se escuché:

Pregunta—¿Que es Costa Rica?

Respuesta—Parte de una compañía bananera llamada United Fruit Co.

Pregunta—¿Dónde queda Nicaragua?

Respuesta—En la Islámica República de Irán.

Pregunta—¿Donde esté Madrid?

Respuesta—Muy cerca de México City.

Ahora en Historia no se diga, muchos estudiantes no conocen la verdadera formación de la Nación, la contribución hispánica o mexicana casi la ignoran por completo, por supuesto no es su culpa ya que se ha reconocido que el Sistema Educativo tiene grandes deficiencias.

Algunos ciudadanos que nunca han viajado al interior de la República Mexicana que han visitado solo Tijuana por la cercanía geográfica, tienen un pésimo concepto de la Nación del Sur. Desde tiempos de la 2 da. Guerra Mundial, Tijuana fue una Ciudad llena de Cabarets para esparcimiento mayormente de militares de la Base Naval de San Diego, Ca., quedando hasta ahora parte y fama de esa imagen, por tal motivo muchos turistas locales piensan que igual o peor debe de estar el resto del país.

Ese concepto equivocado, más algo de mala fe, hace que algunos estadounidenses cuando ven a un individuo de aspecto hispano se refieran a él despectivamente como "ese mexican", aunque posiblemente esa persona provenga de Tegucigalpa, San Salvador, Cartagena, Lima, o Rio de Santiago, por ejemplo, resultando pagar pecados ajenos, si esa persona aludida hizo algo o actuó en forma indebida, obviamente también ocurre lo contrario.

Mucho del mal entendimiento a nivel personal México-estadounidense es por la barrera del idioma, diferencia de temperamento, gustos y costumbres a lo que hay que agregar que venimos algunos con poca educación, sin contar con los aproximados 27 millones de analfabetas existentes acá en la Nación más desarrollada del planeta, a los que se suman otros cuantos millones que cuentan con una muy pobre cultura.

Latin Lover, Wet Back, Gracer O Bandido

En uno de estos conceptos o todos a la vez tienen, gran parte de la población anglosajona en E.U. catalogado al individuo mexicano o al que tenga apariencia ídem, al grado de que algunos lo expresan en público en forma de insulto sin importarles con ello lastimar a personas con más raíces en esas tierras que las delos que profieren los agravios, la verdad es que tal vez algunos de ellos están escupiendo por encima de sus propias cabezas y que tal expulsión liquida les caerá a sí mismos, también podría ser una manifestación de inconsciente admiración.

LATIN LOVER.—Algunas decenas de años atrás cuando el grueso del turismo estadounidense viajaba hacia el sur del Rio Bravo, vía terrestre, puesto que en ese tiempo la aviación comercial era escaza, cara, no tenía tantos vuelos internacionales a—a precios populares, tampoco existían tarjetas de crédito ni excursiones "viaje ahora, pague después"; Total que la comodidad, la moda, la facilidad, lo económico, hacían el viaje en automóvil un placer, una inolvidable aventura.

Era no solo una excursión feliz, también lo era romántica, amorosa. Es de dominio público el que en aquella época varias mujeres jóvenes visitantes, también de mediana edad, tuvieron relaciones íntimas con barones mexicanos, propagando una fama de ardientes, super potentes seres, quizá en grado superlativo, esto es parte de la Leyenda del Latín Lover; Por supuesto de la mujer del Sur se exageró por su contraparte en los mismos términos.

Pero hago hincapié en la hembra del Norte, porque esto que aconteció hace 35 años o más, se podría asegurar que algunas de esas damas debieron haber concebido, pudiendo posteriormente haber tenido su fruto, en tiempo que los anticonceptivos o abortos no eran muy comunes. Por deducción es lógico ciertamente que esos "medios hermanos" ahora podrían vivir en Latinoamérica en lugar de la extensa Unión Americana con apellido inglés, alemán, irlandés, escocés, suizo, etc., ignorando quizá ellos o ellas mismas su verdadero origen. Nunca se sabrá cuantos son, ni siquiera una cifra aproximada, pero un posible dato sería que cuentan con una edad de entre 35 y 65 años promedio, que abarca desde la popularización del automóvil en 1920 hasta 1955 en que empezaron a disminuir esas caravanas turísticas. También en México vivirían descendientes de esa romántica era, como sabremos; independiente mente de lo anterior recuerdo a mis amigos, que no hablan inglés: Westmorland, Edwin, Petrikkouski, Williams, Allen, entre otros. Posiblemente algunos de estos mestizos tengan apellido hispano por razón de preferencia, aclarando que no todas las personas con apellido anglo-sajón en México, provienen de esa época, muchos son descendientes de europeos, otros son hijos de matrimonios entre conyugues de ambos lados de la Frontera.

WET BACK—Indocumentado, ilegal, o espalda mojada, por cruzar el Rio Grande nadando, opinan unos o por empaparse la espalda de sudor al trabajar duro, dicen otros. Al empezar a formarse la Unión Americana no hubo ilegales, todo inmigrante procedente del Sur fue muy bien recibido como jornalero o suplente para cubrir vacantes que los militares dejaban al partir a los capos de batalla durante la conflagración de la Guerra Mundial, cuando Hitler, Corea y Vietnam; El flujo de estos inmigrantes ha sido como un termómetro que funciona de acuerdo al estado de salud económica, social o bélica de E.U.A., esa es la simple realidad aunque se trate de desapreciar esa valiosa contribución o apoyo que ese "pariente pobre" ha dado a sus "primos ricos" en momentos históricos de necesidad o atribulación; Normalmente en tiempos de Paz ese leal "socio minoritario" a engrandecido la Nación por más de dos siglos.

GRACER.—Es un calificativo despectivo que usan algunos anglosajones queriendo señalar al mexicano como desaseado en su persona o vestuario; al trabajar en el campo, construcción, taller o fabrica no puede hacerse sin sudar o ensuciarse. Muchos paisanos tienen habilidad para varios oficios o sus profesiones a la vez. En un solo individuo se puede encontrar a un albañil, un soldador, un cocinero o un mecánico de autos; Otra persona se puede desempeñar como pintor, electricista, panadero, carpintero, etc.; Casi toda la gama de actividades practicas más comunes pueden ser efectuadas eficazmente por unos cuantos de estos operarios. Debajo de la grasa en la piel y ropa de un mecánico de autos, por ejemplo, fácilmente hay en potencia aptitudes inimaginables de lo cual muchos patrones en E.U. se han percatado, contratando esos estuches humanos de sabiduría empírica, obteniendo de ellos el máximo provecho en su negocio y empresa. ¿No será ese calificativo dado por envidia o menosprecio?

BANDIDO.—Por supuesto los hubo, los hay y los habrá, no solo a un lado de la Frontera, pero a ambos; rubios, morenos, amarillos, negros, de todos los matices de piel; en el mundo entero han existido siempre, solo que a los héroes se les tilda de bandidos o viceversa, todo depende de quien escribe la noticia o reseña histórica.

Ahora el concepto que de bandido tiene el ciudadano común en E.U., es el de vaquero malo, saqueador, asesino o violador, el cual Hollywood ha diseñado en sus absurdas películas, en las que generalmente lo representan como un charro mal vestido, pendenciero, mal jinete y ridículo; ese deformado o falso personaje en las filmaciones, lo encarna invariablemente un mediocre actor caribeño o de otro grupo étnico, lo que se deduce por el acento de su lenguaje en ambos idiomas; un Mexicano o México-americano raramente se presta para caracterizar ese monigote humillante; mucho por los que conservan su dignidad!

CAPÍTULO LXXIII

Mi Descubrimiento De América

Para hacer estos apuntes acordes mencionaré algunos descubrimientos u observaciones hechas en mis años como residente en Estados Unidos de América, que con honestidad no son solo míos. Hay mucha riqueza, pero también pobreza; la ciencia está muy avanzada, por otro lado existe un alto porcentaje de analfabetismo; mucha oportunidad de empleo a la vez que mucha gente sin trabajo, la libertad más completa en todos aspectos, pero gran número de ciudadanos se encuentran prisioneros al grado que las cárceles son insuficientes para tanto delincuente. Total, que parecieran dos Naciones, una encima de otra, sobrepuestas, totalmente diferentes, como el encuentro de dos mundos en 1492.

Como conciencia de que estoy escribiendo esto en 1992, a los 500 años de que el primer europeo a tierras americanas, daré mi humilde opinión al respecto. Cristóbal Colon se le admira por su proeza al lanzarse hacia lo desconocido, buscando una ruta alrededor del Globo tratando de llegar a la India; muchos lo juzgaron loco, porque todavía había duda sobre la forma de la tierra, algunos hasta creían era cuadrada, más él confiado en estudios astronómicos de su época, tenía la certeza que el planeta era redondo, aunque se ignoraba su magnitud.

Nadie se atrevía a financiar esa osada expedición, hasta que finalmente la Corona Española accedió a patrocinar dicha empresa. Se duda si Cristóbal Colón era con en realidad italiano, algunos dicen era catalán, otros opinan que era de origen hebreo; sus biógrafos aseguran que nació en Génova, Italia, así que se acepta que era un italiano al servicio del reinado Español, quien logró su hazaña con navegantes y marineros españoles en un 99.9 % (se cree venían en la expedición un marinero inglés y un irlandés), por tanto los subsecuentes acontecimientos fueron mérito o deshonra del Pueblo Ibérico, con el cual los mestizos americanos quedamos para siempre ligados por lazos de sangre.

Los Conquistadores Iberos trajeron civilización y progreso; también trajeron enfermedades, vicios y explotación; Trajeron su persona, es decir en menor o mayor grado somos parte de ellos. Muchos fueron ambiciosos u oportunistas; Otros humanitarios y honestos, estos últimos merecen ser recordados como caballeros hidalgos fumadores de una nueva civilización mestiza.

Pero más deben ser recordados las victimas del encuentro de estas dos culturas, los Nativos americanos, que algunos de ellos se obtuvieron bastante en conocimientos de astronomía, arquitectura, filosofía, medicina, milicia, labranza, joyería, etc. El parto de una nueva raza conllevó la muerte de muchos de estos americanos, no tanto por balas, pero por enfermedades contagiosas a las cuales eran muy susceptibles, no existiendo entonces antibióticos o cura eficaz disponible.

El humano es imperfecto desde que surgió en el planeta; los mismos americanos antes de la conquista eran injustos entre ellos, de ahí la formación de Imperios como el Maya, el Azteca, el Inca, entre otros, que tenían subyugados a Pueblos más débiles.

Existe mucho resentimiento hacia los Invasores de parte de muchos mestizos americanos a la vez que admiración extraña de parte de otros; seamos imparciales. Se dan hasta casos un tanto irónicos o ilógicos, personas con apariencia de europeos que se ciñen una cinta en la cabeza, se ponen un jorongo o un huipil, para empezar a expresar resentimiento o desdén sobre todo lo que se refiera al Viejo Mundo, mientras otros de total origen Indoamericano que sienten una total admiración o preferencia por todo lo extranjero.

Al poner a este capítulo ese título fue primero con la intención de que fuera leído, segundo el deseo de conquistar el espíritu de muchos con nacionales con la sugerencia de olvidar amargos resentimientos o malinchismos. No es pecado decir soy hispano (en parte), ni es motivo de afrenta decir soy indio puro; Lo exacto es que soy mexicano y estoy orgulloso de tener sangre europea y ser del Nuevo Mundo con sangre apache, mexica, mixteca, maya, yaki, huichol, azteca. tolteca, cora, tarasca, huasteca, tarahumara, lacandón, u de otra raza cobriza que habite estas tierras, estando actualmente totalmente diluida.

CAPÍTULO LXXIV

No Parecen Mexicanos, Otros Se Asemejan

El nacional el creado en México, por supuesto la mayoría está orgullosa de serlo, pero hay un pequeño porcentaje que radica en su Patria o en E.U.A. que se avergüenza de su origen en forma disimulada haciendo cuentos burlescos de sí mismos o de sus coterráneos, cambiando su apellido o negando su ascendencia. Eso no es intrínseco de esas personas, sino que sucede con muchos seres de todo el urbe cuando se sienten frustrados, humillados o impresionados por otros; esa mofa de su propia persona, la poca propia estima, el pensar que lo extranjero o lo importado es más valioso o superior los hace sentirse inferiores lo cual no es más que una idea errona o masoquista, como el que se flagela sintiendo tal vez regocijo en ello; Esto parece un estudio sobre fisiología, para lo cual no estoy capacitado, como creo me estoy metiendo en honduras, pasará a otra parte del tema.

El México-americano tiene todo el derecho de llamarse a sí mismo chicano, indio, hispano, latino o norteamericano, puesto que, aunque sus padres o abuelos hayan sido inmigrantes, ellos no lo son; respecto al idioma Castellano, no es su culpa si lo hablan pésimamente o no lo usan del todo. Es sabido el hecho de que muchas de estas personas no lo aprendieron en su infancia por dos principales razones: Por apatía de sus progenitores o por haber sido objeto de burla por condiscípulos de otras razas y de personas mediocres o incultas, lo cual les causó un trauma de por vida. Algunos en su edad adulta se han preocupado por aprender su olvidado lenguaje al reconocer que ser bilingüe o multicultural es estar por encima de otros con mente hermética. Varios países europeos y asiáticos estimulan el aprendizaje de idiomas, no es explicable por qué en una Nación con un crisol de razas, ocurra lo contrario.

Cambiando un poco, hay en E.U. algunas personas con apariencia del típico mexicano, pero no lo son ni tienen ningún lazo cercano, estos son mestizos de Anglosajón con indio americano, siendo su modo de ser o comportarse muy diferente, corrigiéndome quizá tengan alguna similitud espiritual por tener ascendencia de hermanos nativos americanos lejanamente interrelacionados mucho antes de la llegada de los europeos. Estos seres son un poco introvertidos prefiriendo ser llamados Indians, aunque de ello no tengan ni el 25% de genes. Los hay muchos en toda la Unión, algunos viven entre nativos puros en pueblos o territorios especiales llamados Reservaciones, donde simbólicamente tienen su propio gobierno y ni el presidente del país puede cambiar sus determinaciones internas, teóricamente; Una ocasión tuve oportunidad de visitar una de esas Reservaciones, notando que les encanta la música de mariachi y norteña, sin importar no entender una palabra de las canciones. Los Estados donde posiblemente existe mayor número de estos mestizos son Oklahoma y Nuevo México, aclarando que en N.M. los hay descendientes de español e Indio Navajo o Apache, por tanto ellos están más cerca de nosotros en parentesco.

Así que, hay mexicanos que se avergüenzan de serlo mientras hay otros seres que, sin serlo, tienen mucho parecido físico y espiritual y gustan de su música y alimentos.

CAPÍTULO LXXV

Chicanos, Güeros, Mestizos
Sin Discriminación

Algunos de los primeros colonizadores españoles o mexicanos en Estados Unidos de América se mezclaron con los nativos de estas tierras, posteriormente a la llegada de los Anglo, hubo uniones maritales entre ellos también en contados casos, pero desde entonces a la fecha esas uniones se han incrementado bastante. Algunos descendientes de ellos al tener apelativo anglosajón ganan su herencia hispánica, no queriendo saber nada de la cultura ibérica o mexicana, esos posiblemente por la fuerte segregación o menosprecio que existió en pasadas épocas, sin embargo, hay destacadas excepciones, como las siguientes:

Cuando trabajo en un Hospital del área de Glendale, Ca. conocí al Dr. Hoober un cardiólogo, de madre mexicana. Él hablaba alemán, idioma de su padre, dominaba el inglés por supuesto, pero el idioma que más le gustaba usar cuando tenía ocasión era el de Miguel Cervantes Saavedra.

El Sr. Gaylord, un productor de comerciales para televisión el cual, al oír lamentarse a su abuela originaria de Zacatecas, que su apellido, Tostado, desaparecería pronto por no haber tenido hermanos varones, ese joven productor hizo cambiar su apelativo de Gaylord a Tostado, en forma legal.

Linda Carter, de abuela mexicana, quien es conocida como Wonder Woman (La Mujer Maravilla) de la Televisión.

Anthony Quin, de madre mexicana, actor multi-personificador quien ha caracterizado en el cine desde un soldado nazi, hasta un guerrillero zapatista, habiendo pasado como griego, árabe, norteamericano, italiano, etc. en diferentes películas.

Sr. David Hayes-Batista del Departamento de Estudios Chicanos de la Universidad de California en Los Ángeles (UCLA),—defensor de los inmigrantes.

Sr. Bill Richardson, Representante por el Estado de New México ante el Congreso de E.U.A., quien en algunas declaraciones públicas se ha autonombrado: mexicano y muchos más.

He platicado con algunos de esos mestizos sin prejuicios, los que me han comentado que hay un número mayor de lo que se supone de esos descendientes interraciales, posiblemente un 15% de la población sur y oeste de E.U.A., unos con apellido hispano, otros indetectables con segundo nombre anglosajón.

Algo curioso, para ellos muy serio, es que algunos mexicanos en los últimos tiempos, valiéndose de su aspecto físico se han cambiado el apelativo de hispano al anglo, o lo han quitado o agregado letras para su efecto fonético, todo con la intención de conseguir mejores empleos, negocios o relaciones públicas, por existir aun cierto desdén hacia todo lo que suene latino. Algunos ejemplos de apelativos modificados son: Adrid por Madrid, Andrade por Andrade; Car por Carranza; Martin por Martínez, Ray por Rey; King jones por Quiñones, Koral por Corral, McGuire por Aguirre; Long por Longo; Yiguers por Higueras, etc.

Los que hablamos castellano en el Continente Americano, somos una mezcla de español, indígena, inglés, francés, alemán, portugués, irlandés, italiano, africano, etc. de los viejos mundistas, podremos decir que heredamos de Ellos sangre celta, aria, mora, judía, gitana, caucásica, romana, griega, africana y otras más. Por tanto, no somos una raza, cada uno somos una mezcla de varias, así que dejémonos de prejuicios, rencores o complejos; levantamos la cabeza no la golpeemos a sí mismos ni abramos nuestras venas

En algunas revistas algunos cronistas se han preguntado por qué el individuo mexicano no se ha diluido más con el resto de la población estadounidense como el italiano o el judío, por ejemplo. La verdad es que existen italianos que se conservan 100% "mediterráneos", así como muchos hebreos que lo son semitas. Otros han escrito que hay discriminación entre mexicanos o hispanos entre sí mismos, a mi ver eso no existe entre toda esa gama de gama de seres. Probablemente hay separación, distanciamiento, en virtud de la bastante diferencia de caracteres; Solo pensemos que aun entre nuestras propias familias a veces no nos podemos llevar bien con un primo o tío, no por discriminación, sino por falta de educación, tolerancia o sentido del diálogo; todo no, es más falso entendimiento o un poco más de condescendencia.

El México-americano voluntariamente adopta el título de chicano que abarca todo el que tenga esa ascendencia pero nacidos en E.U.; más que una raza o combinación de varias es una filosofía que lucha inteligentemente por dignidad propia y la de sus parientes más cercanos, los indo-americanos y los mexicanos, dando a conocería verdadera historia del movimiento migratorio, así como la valiosa, enorme aportación que ellos han dado a esta Nación, no solo son su ininterrumpido trabajo por siglos, pero también en cultura, política, servicio militar, más otros campos.

CAPÍTULO LXXVI

Mexicanos O Descendientes Distinguidos

La fuga de cerebros de México hacia Los Estados Unidos ha estado aconteciendo sin parar desde la Formación de este último país, esto es de personas inmigrantes con título profesional o estudios superiores, tomando en consideración que para 1776, en que se constituyeron los Estados Unidos de América, México tenía dos siglos con colegios superiores funcionando. Al principio emigraron en contados casos, con el tiempo E.U. progreso industrialmente rápido precisando de mucha gente preparada, por lo que en los últimos 100 años ha recibido con brazos abiertos a mucho Profesional del Sur de la Frontera, así como a Técnicos en diferentes ramos, que hasta la fecha sigue demandando, favoreciendo con una Visa Especial Preferencial.

Todas esas personas han engrandecido esa Nación en forma anónima. Sería muy difícil saber cuántos descubrimientos o avances científicos habrán logrado en forma callada, sin embargo hay unas cuantas cosas que se saben: La televisión policromada la desarrolla el Ing. Gonzales Camarena. Una clase de fusil ametrallador lo inventó un tal Sr. Mendoza. Hay una teoría acerca de un grandísimo inventor, quizá imposible corroborar, su nombre Tomas Alva, vendedor de periódicos en su niñez, maltratado por ferrocarrileros, su segundo apellido: Édison, inventor del teléfono, tocadiscos, mejoró la producción de electricidad, entre otras cosas, la teoría es que el lugar de su nacimiento o el de su padre fue en algún lugar del Estado de Zacatecas, en todas las áreas han sobresalido muchos de esos emigrantes o sus desencono son: militar, político, musical, artístico, entretenimiento, deportivo, literario, etc. Solo como ejemplo daré algunos datos y nombres de individuos destacados en los últimos tiempos, pidiendo mil disculpas por omitir involuntariamente a personas de primera magnitud.

Militar.—En el Pentágono hay un muro especial con fotos, nombres y datos de 38 hispanos que han recibido la más alta condecoración por su valor en pasadas Guerras: La Medalla de Honor del Congreso, siendo el primero en recibirla en 1917 un muchacho de Laredo, Texas de nombre David B. Canto, quien para no sufrir discriminación usaba el nombre de David Bearkely; por supuesto hay cientos de héroes del mismo origen que han recibido otras grandes condecoraciones sin contar el "soldado desconocido" anónimo. A la fecha en Navy, Army, Air Force y Marine, hay Generales y Oficiales con Altos Rangos.

Político.—Tony Anaya, Ex-Gobernador de Nuevo México, Jarry Apodaca, Ex-Gobernador de Arizona; Richard Cisneros, Ex-Mayor de San Antonio, después fue Secretario de Vivienda y Desarrollo Urbano; Leonel Castillo, Ex-Jefe del Servicio de Inmigración y Naturalización; Dr. Julian Nava, Ex-Embajador de Estados Unidos en México; Federico Pena Ex-Mayor de Denver, Colorado, ahora Secretario de Transporte; Además muchos miembros del Congreso entre Senadores y Representantes; Jueces y Altos Funcionarios Federales, Estatales, del Condado y Municipales.

Cine y Televisión.—Raquel Torres, Dolores del Rio, Ramón Navarro, Margarita Cancino "A" Rita Hayworth, de padre español, habiendo empezado su carrera en Tijuana, B.C., Caty Jurado, Anthony Quinn, Pedro Armendáriz, Lupita Tovar, Arturo de Córdova, Cantinflas, Ricardo Montalbán, Leo Carrillo, Rosaura Revueltas, Linda Carter, Carmen Zapata, Pina Pellicer, Jorge Rivero; los más recientes que han adquirido fama son entre otros: Danny de la Paz, Cheech Marin, Mike Gómez, Jerry G. Velazco, Robert Beltrán, Elpidia Carrillo, Paul Rodríguez, Rosana de Soto, Pepe Serna, David Villalpando, Arturo Xuncox, Constance Mario, Lupe Ontiveros Enrioque Castillo, Eduardo Lopez Rojas, Salma Hayek y el famoso Edward James Olmos.

Músicos y Cantantes.—Lupe Veles, en los años 40', Tito Guízar, José Mojica, Margo, famosa en 1934 y cofundadora de Plaza de la Raza, en Los Ángeles, Ca.; Rafael Mendes, gran trompetista, Tony Martin, Ritchie Valens, Andy Russell, Triny Lopez, Fredy Fender, Little Joe, Linda Ronstadt, Lalo Guerrero, Vicky Car, Carlos Santana, el original guitarrista y Selena, llamada la Reyna del Tex-Mex.

Entretenimiento.—Un dibujante Guatemalteco de apellido Purcel, me comentó que muchas de las caricaturas animadas de la Empresa Walt Disney fueron y son hechas por mexicanos.

Hay bastantes individuos más, de este grupo étnico o mestizos con otras razas que han sobresalido en otras áreas, así como empresarios privados; muchos conservan su nombre y apellido hispanos siendo fácil detectarlos, pero hay muchísimos otros amelgazamados entre la sociedad anglosajón, que por su aspecto personal, nombre o apelativo, pasan apercibidos, ignorándose que sus raíces son mexicanas.

Con lo anterior descrito algunos cambiarán de opinión, oros tendrán una idea más amplia de lo que los Mexicanos han hecho por Los Estados Unidos de América, no solo en esfuerzo físico, sino también con sabiduría, inteligencia, arte y valor.

CAPÍTULO LXXVII

¿Quién Inventó La Rueda?

Adjudicarse descubrimientos en ciencia, tecnología, deportes o Inventos hechos por otras naciones, ha sido muy común de la Sociedad Estadounidense; Muchos de esos conocimientos provienen del Viejo Mundo. otros han sido aprendidos de diferentes Pueblos Indoamericanos. De Contenientes al otro lado del mar no es necesario detallar todo puesto que abarca mucho de la ciencia y tecnología posteriormente aplicada o modificada en algunos inventos o máquinas; de los nativos americanos se obtuvo entre otras cosas el conocimiento de plantas de productos alimenticios y medicinales, así como de deportes de donde se derivan el beisbol y basquetbol, posiblemente, por citar algo.

"No hay nada nuevo bajo el sol", alguien escribió generalizando; hablando de invenciones lo que acontece regularmente es su mejoramiento, modificación o combinación de dos o más aparatos—compactados, que es lo que los japoneses han estado haciendo en los últimos tiempos con supuestos inventos "americanos".

¿Hay algo nuevo bajo las estrellas? La materia, la vida, la ciencia existen desde mucho tiempo atrás, ocurriendo que cada—día surgen innovaciones o descubrimientos, eso es descubrimientos, cosas que estaban cubiertas, teniendo que admitir que muchos de esos conocimientos "sin descubrir" han estado ahí por siglos, al menos en teoría.

Al nuevo americano se le acredita el desarrollo de la electricidad, teléfono, computadoras, rayos láser, aplicación de energía del átomo, micro ondas térmicas, materias químicas, telecomunicaciones, entre otras muchas más cosas. En mi infancia oía exclamar a mis mayores, gente de pueblo, de campo, cuando veían un nuevo aparato o máquina: "Que abusadores son los americanos"; Ahora que trato con gente joven citadina, muchos descendientes de europeos, que irónicamente exclaman en forma parecida a los viejos de mi pueblo: "Que inteligentes son los japoneses"; Lo que ignoran es que aquello que les cusa asombro, son los mismos aparatos, artefactos o máquinas, compactados, combinados y ensamblados en bloques de metal o plástico; en ambas situaciones, la de los viejos de ayer y la de los jóvenes de hoy, no es otra cosa que deficiente educación o ignorancia completa.

Tal vez falsa o deficiente educación a la juventud perjudique su ego, frenando su iniciativa o entusiasmo, como el padre que le dice al hijo que es un idiota, el muchacho termina por creerlo. Mientras esas mismas mentes en desarrollo, por otro lado, se les alimenta con la verdad, tenderán a expandir sus conocimientos, su habilidad creadora al obtener confianza en sí mismos. Por tanto, darle a cada cual su mérito es de humanos, no por carnal vanidad, pero por necesidad espiritual de sentirse dignos o útiles al mismo ser humano, sin regionalismos ni fronteras mentales étnicas.

De la prehistoria provienen valiosísimos, aunque simples inventos que se siguen aplicando diariamente como la rueda, la escalera y la palanca; no se puede precisar cuál fue el primer pueblo que desarrolló el más importante de los tres: La rueda, lo cierto es que, desde el momento en que a alguien se le ocurrió esa brillante idea, la actividad sobre el planeta tomó una velocidad que sigue en aceleración hacia el futuro. Está de más saber a qué hombre de las cavernas se le había ocurrido eso, como lo estaré en unos cuantos siglos sabiendo acerca de autos de combustible líquido, máquinas de escribir o cámaras de video.

Si algunos pueblos del planeta toman o roban méritos a otros, eso no es realmente transcendental puesto que los resultados son los que importan, habiéndose notado que todos los adelantos logrados en E.U. han beneficiado a muchas naciones del mundo. Gracias al pueblo estadounidense gozamos de bastantes comodidades, tratamiento de enfermedades y aumento en producción de alimentos por su mecanización, fertilización, fumigación, selección de especies, etc.; aunque muchas naciones todavía no han sido beneficiadas, poco a poco están llegando a todos partes algunos de esos conocimientos.

Si algunos inventos o materiales han perjudicado, lo que se puede decir es que la inteligencia humana es limitada y que hay seres deshonestos. Sobre esto dejaré el tema abierto a criterio general. ¿Ha sido más grande el progreso logrado o ha sido superior el daño causado al planeta y a sus habitantes?

CAPÍTULO LXXVIII

La Bola De Cristal En El Futuro

Una de mis aspiraciones al relatar mis experiencias y observaciones fue la de recalcar que el inmigrante mexicano por más 200 años ha contribuido, al engrandecimiento de los Estados Unidos de América, que, aunque los tiempos han cambiado, lo que en el pasado fue muy útil y valioso, estará de sobra en futuras épocas, resultado de circunstancias demográficas, escasez de recursos naturales, deterioro del medio ambiente o mala administración pública no solo acá sino en naciones del mundo entero.

En México en el ramo Industrial-Comercial, hay las bases desde hace tiempo para un gran progreso. Sin mencionar otros factores, quizá uno, sería que hubiera menos injerencia gubernamental en la industria, puesto que es lógico que son más eficaces las Empresas Privadas que las Corporaciones Oficiales. El campo agrícola todavía hay modo de vivir cómodamente, lo que sería necesario, aquí sí, que el Gobierno trabaje con el campesino acopladamente; algunas sugerencias serían que se mejorara los sistemas de riego, capacitar al labrador en variedad de cultivos, proporcionar semilla, abono para la tierra, fomentar la cría y selección de ganado, otorgar financiamiento a bajo interés, todo lo anterior bajo supervisión de personas honestas, a la vez que pagarles precios justos por sus productos, evitando intermediarias. Esto sé que ya se ha intentado en épocas pasadas, pero quizá a base de recuerdos se apliquen en forma correcta. Lo anterior no es una ilusión, pero una viable solución, una urgente necesidad para el campesino como para toda la clase media que es la que se encuentra en la encrucijada del problema, la que demanda esos productos básicos para su subsistencia. En el campo está el principio del bienestar social, la tierra es como "la gallina de los huevos de oro" si se deja morir la sufriré aún más.

No es necesario ser adivino, cualquier persona puede prever el futuro con solo observar lo que actualmente ocurre en la Ex-Unión Soviética, África, India, u otros países. Pretendiendo evitar lamentaciones es conveniente pensar hoy, que la tranquilidad empieza por proporcionar comida al pueblo a precios accesibles.

Unos meses antes de cerrar esta edición los gobiernos de Canadá, Estados Unidos y México firmaron El Tratado de Libre Comercio. Al reconocer que no estoy capacitado para comentar sobre los probables efectos del mismo, solo espero que las grandes Corporaciones Transnacionales no se olviden de Programas Sociales, para disminuir la contaminación del ambiente y evitar producir alimentos con substancias químicas nocivas. Los tres países tienen ya Prestaciones Sociales que no es otro que el Seguro Social con sus grandes variantes, pero creo es bastante necesario prestar más atención al generador de riqueza: El asalariado, obrero, campesino. Al trabajador y su familia.

CAPÍTULO LXXIX

El Porque Marchamos Del País

Mucha gente en ambos países se pregunta por qué siendo México una nación con bastantes recursos naturales tenga tantos emigrantes hacia el exterior. En mi criterio es por la situación económica en general; mucho desempleo, carestía y hambre; con esto quiero decir la necesidad de una vida sin tantas privaciones, de una alimentación más variada, por fortuna en México no existe el hambre como en otros países del mundo, al menos no generalizada o mortal.

¿Que por qué no nos quedamos a cultivar la tierra?, dicen los mal informados. ¿Quién va a proporcionar la semilla simplemente? Sin contar el sustento de la familia durante los cultivos pre-liminares; después si la plantación logra sobrevivir a sequías, inundaciones, plagas, heladas, etc., se lograría la cosecha. En esos momentos el campesino siente una sensación agridulce al percatarse lo que la CONASUPO u otro intermediario ladrón le pagará por sus productos, con lo cual no le será suficiente para pagar a el Banco Ejdarl (si es que todavía funciona esa institución), al no poder pagar, menos le va a quedar (ni efectivo, ni crédito), para subsistir durante la siguiente siembra, con eso se inicia un círculo de rotación anual sin fin. Esa es una pequeña explicación del porqué cuando se viaja por algunas regiones rurales vemos al lado del camino tierras de cultivo abandonadas. Como digo en el capítulo anterior si no se toman medidas buenas y honestas ahora, habrá grandes problemas, muy grandes.

En el ramo industrial o comercial para muchos patrones en México, un trabajador de más de 35 años de edad es considerado viejo para empezar, tal fue mi caso personal, es que hay tanta gente joven soltera en busca de empleo que resulta más conveniente a las empresas cubrí vacantes con mano de obra barata, sin experiencia y sin tener que pagar prestaciones familiares. En otros casos es tan bajo el salario pagado que algunas compañías no logran cubrir puestos de trabajo ni con jóvenes ni "viejos" por la simple razón de que lo que ganarían no alcanzaría para mantener una familia de tres personas; para que decir más, es de sobra conocida la situación.

Esos raquíticos sueldos en parte son consecuencia de la vecindad con una Súper Potencia Económica; Es lógico que el rico le paga al pobre lo que el primero quiere por las mercancías, materias primas o servicios; por muchas décadas, Estados Unidos ha puesto los precios a los productos naturales e industriales importados de su vecino, al mismo tiempo le ha vendido productos elaborados o maquinaria a precios bastante comerciales. Recuerdo una declaración que hizo un funcionario texano, hace unos 15 años, relativo a lo anterior más o menos en estas palabras: "¿Cómo queremos que México progrese, si le quitamos la mitad de su territorio, le pagamos por sus productos el precio que queremos y le ponemos precio a su moneda? Tal vez ese funcionario fue muy lejos en tiempo, pero suenan muy actuales sus palabras, además de sinceras.

En México todos saben, pero algunos tratan de ofender la inteligencia del ciudadano común, respecto a la Corrupción Gubernamental, pretendiendo encubrir, no investigar, absolver, no responsabilizar a dirigentes, funcionarios o líderes corruptos o deshonestos; estos que tratan de mal Informar a la ciudadanía, quizá son parte del mismo sistema cómplice, por lo tanto tratan de tapar lo podrido, saben que estar allí apesta; no sé si esos funcionarios "paleros", cómplices, piensan que el pueblo tiene un coeficiente mental muy bajo, o ellos padecen de miopía general o mente atrofiada como resultado de anestesia o embriaguez de poder, de dominio. Ojalá esos que tienen el poder se dieran cuenta el gran daño que hacen al normal funcionamiento de todas las actividades nacionales y el legado que dejaron a sus hijos y nietos.

El pasado Desastre Económico en 1976, la devaluación de la moneda fue el resultado del mal manejo del sistema Financiero, asimismo de injerencia externa. Personas o Corporaciones Transnacionales que con trucos aparentemente legales extrajeron capital hacia el exterior provocando un caos, casi ruina total. El gobierno trató de evitar el saqueo, nacionalizando la Banca Privada, pero al parecer resulta "peor la cura que la enfermedad", por lo que se volvió a su privatización posteriormente.

La reciente devaluación del peso y sus consecuencias como el tan conocido hecho sobran comentarios. Solo dará las deducciones a los quiere, al revisar algunos informes independientes:

1. Saqueo de capital en gran escala una vez más había el exterior por nacionales y extranjeros especuladores.
2. Falsos informes dados el pueblo por altas esferas del gobierno del sexenio pasado.
3. Presión y maniobras factiblemente fraudulentas por Potencias Extranjeras, desde Asia, Europa y Norteamérica.

CAPÍTULO LXXX

Último Comentario

No pretendiendo ser sabio o adivino, se espera que vendrán tiempos difíciles para toda la humanidad; están ocurriendo cambios rápidamente en economía, política, relaciones internacionales, vida social, más otros; Cambios en formas de Gobierno en muchas naciones ha habido, que no es nada difícil que ocurra algún inesperado cambio muy cerca de nosotros. Para el mejor funcionamiento de la sociedad es probable que se tenga que implantar un Sistema Judicial más rígido para evitar el desmoronamiento de la misma; cárceles llenas, delincuentes bajo fianza, reducción de condenas, Cortes insuficientes para procesar infractores, son algunos de los factores que están haciendo aumentar el crimen; lo más frustrante es que se conceda la libertad o se dé una mínima condena a delincuentes comprobados; un aspecto a favor del sospechoso es la selección del Jurado Público, compuesto de ciudadanos comunes, quienes por temor, simpatía, racismo u otra flaqueza humana, dejando de ser imparciales. Para ilustrar lo anterior se me ocurre un ejemplo: supóngase un Jurado en la selva compuesto de osos, dispuestos a juzgar a otro oso por el asesinato de un venado. Es de adivinar el veredicto; ¡Claro, es la Ley de la Selva!; ese es exactamente el riesgo que corre la población no solo en E.U. pero en todo el mundo a no ser que se haga una real reforma, pronto. La prevención nunca es tarde, a lo que cabe la pregunta, ¿no se está siendo muy tolerante en hogares y en escuelas ahora?

Mas entendimiento entre Naciones, pero más importante es la comprensión y respeto entre nacionales, es una meta necesaria que debemos buscar para hacer esos cambios menos ásperos en bien de futuras generaciones. Siempre en todas épocas hubo tiempos arduos, pero primero Dios, el hombre podrá salir adelante.

Con esto daré por terminado este compendio de experiencias, historia, comentarios, opiniones y crítica constructiva, buscando el mejoramiento de la clase pobre, que somos cada vez una creciente mayoría, por lo que muchos nos vemos forzados a emigrar a las grandes ciudades o al exterior del país, por lo expuesto en estas páginas, aunque nunca olvidamos la Tierra que nos vio nacer, por lo que soñamos en volver algún día.

Espero haber aclarado algunas desinformaciones, tergiversaciones o malentendidos sobre ese valioso elemento del pasado como del presente al Norte del Continente Americano. El peón, el técnico, el profesional, el científico o el artista. el emigrante mexicano.

Gracias por haberse tomado su tiempo.

De La Inspiración Popular

Como nota humorística o nostálgica, conjugará el pensamiento de varios autores de canciones populares del siglo pasado o de principios de este, factiblemente emigrantes como el que escribe los que pasaron posibles peores penurias que las que hemos sufrido los viajeros de los últimos años, por haber hoy mejor transportación, pero principalmente por haber un trato más humano hacia los trabajadores por parte de autoridades y patrones al norte del Rio Bravo; lo que ellos algunos desconocidos autores, pensaron ayer, quedó para siempre, como sigue:

> Cuando yo me fue pal Norte
> me colé por California
> yo no tenía Cartilla ni Pasaporte
> ni parientes ni amigos en Migración,
> pero me colé con resolución.
> Qué triste se encuentra el hombre
> cuando anda ausente
> cuando anda ausente,
> muy lejos de su Patria.
> Paso del Norte
> que lejos te vas quedando
> tus divisiones
> de mí se están alejando. (2)

Me agarraron los sheriffs
al estilo americano
cómo era hombre de "delito"
todos con pistola en mano. (3)
Decía el sheriff Mayor
cómo era un americano
¡Ah que Jacinto tan hombre!
No niega ser mexicano.
Nací en la Frontera de acá de este lado
por más que la gente me juzgue Texano
yo les aseguro que soy mexicano
de acá de este lado. (5)
Desterrado me fui para el Sur
desterrado por el Gobierno
y al año volví por aquel cariño
inmenso me fui con el fin
de por allá quedarme
solo el amor de esa mujer me hizo volver. (6)
¡Oh Tierra del Sur!
suspiro por verte ahora que lejos
muy lejos me encuentro de ti. (7)
Ya se va la embarcación
ya se va por vía ligera
se lleva a mi compañera
que es la dueña de mi amor. (8)
Despedida no le doy
por qué no la traigo aquí
yo la deje en California
pa' que se acuerden de mí. (8)

Título de las Canciones.

1. cuando me fui pal norte.
2. Paso del norte.
3. La cárcel de cananea.
4. Corrido de jacinto trevino.

5.   El corrido del norte.
6.   El desterrado.
7.   La canción mexteca.
8.   La embarcación.

Conclusión

La aportación que ha E.U.A. ha hecho el inmigrante mexicano en valor, talento, sabiduría y trabajo es incuestionable, pero hay algo más: ha aportado su sangre, su ser, tal vez existen más descendientes mestizos de los que se suponen, viviendo acá desde México anglosajón, México apache comanche, etc., hasta México negro y México esquimal.

Hablando de los primeros mexicanos inmigrantes, ellos esparcieron su sudor (en) desde la construcción del Ferrocarril Pacifico-Santa Fe, caminos y puentes, hasta en miles de campos agrícolas por todo el país, principalmente en el Sur y Oeste; Eso sin contar ranchos ganaderos, granjas avícolas, fábricas, hoteles, restaurantes, hospitales u otros quehaceres.

El trabajador ilegal ha sido bien recibido en general, creo aún más, apreciado su arribo por patrones y gobernantes, como a un hijo adoptivo que se ama pero que cuesta trabajo admitirlo.

Ese inmigrante creador de riqueza no solo ha sido admitido con agrado, pero estimulado su ingreso o reingreso, quizá en forma disimulada, hasta ahora. Recién se están dando cambios al respecto haciendo más hermética la Frontera, la razón es muy simple y a la vez compleja.

Simple porque existe actualmente recesión en EU, por tanto, a menos productividad, menos necesidad de mano de obra. Compleja por las siguientes razones, 1 ra Están llegando por aire y mar muchos ilegales europeos, asiáticos, caribeñitos, suramericanos, etc.; 2 ra. La mecanización está desplazando muchos puestos de empleo—sin ser pesimista, pero realista esa tendencia a la automatización, puede ser un gran problema en el futuro; 3 ra. La gran importación que hace esta Nación, principalmente de países de oriente, de automóviles, aparatos eléctricos, más otros muchos artefactos, con lo cual están dando al traste con Compañías Americanas otrora prósperas.

Lo cómico-cínico de algunos políticos que al querer ganar o mantener algún puesto público, culpan de todos los problemas internos al inmigrante mexicano, sin mencionar tan siquiera a los procedentes de otras partes del mundo de color amarillo, blanco, negro o moreno.

A propósito de lo anterior, el reportero Patrick J. McDonnell de Los Ángeles Tiomes en Edificio de 11-20-94, comenta: "Esos que se quedan con Visas (de Turistas), quienes forman al menos la mitad de ilegales inmigrantes nacionalmente, encaran el mismo problema como esos que brincan la Frontera. Las familias de indocumentados europeos, canadienses, asiáticos y otros que violaron la estadía de sus Visas incluye muchos niños nacidos en E.U."

¿VIOLACION O VIOLACION?—Violación es una palabra fuerte: "Acción y efecto de quebrantar", se define en Larousse.

El inmigrante ilegal incumple la Ley cruzando la Frontera. El procedente de México lo ha hecho por cientos de años, aparentemente en complicidad con patrones de E.U. que han precisado de su mano de obra valiosa, eficaz, barata, oportuna, etc., pero no solo por empleadores ha sido ese incumplimiento estimulado, sino que quizá también por las Autoridades de Inmigración en forma de tolerancia al actuar disimuladamente en puestos de inspección patrullajes en tiempos críticos o de levantamiento de cosechas.

Pero violación física, biológica, aunque es el mismo verbo en castellano, supone violencia, abuso una acción criminal. Por tanto la violación que hace el que cruza la frontera ilegalmente, es blanca casi inocente, la otra violación es un feo delito y de color subido.

Haré una alusión muy a "la mexicana": Espero que uno de estos días no vaya a salir embarazada una dama de la política y se le ocurra acusar de su estado de gravidez a un inmigrante ilegal, a un latín Lover, aunque si eso sucediera, no necesariamente se mencionaría la palabra violación la de "color subido", si fuese gusto o agrado de la supuesta dama.

Libros Consultados

THE STORY OF THE CONSTITUTION (1937)
Publicado por el Congreso de E.U.A. en el 150o. Aniversario de la Constitución Política.

VEINTICINCO LECCIONES DE CIUDADANIA (1985)
Por D.L. Hennessy, Director de Educación para Adultos en Berkeley, California.

MÉXICO EN LOS ÁNGELES (1989)
Por Pedro G. Galindo y Antonio Ríos Bastamente.

THE WORLD AROUND US (1964)
Por Zoe A. Thralls. Prof., de Universidad de Pittsburgh.

NATIONAL GEOGRAPHIC, VOL 144 No. 3 (1973)
Artículo de W. Meayes Eduards.

LA EVOLUCIÓN DE MÉXICO (1967)
Por Ángel Miranda B.

LOOCKING BACKWARD (1974)
Por Lloyd C. Gardner y William L. O'Neill.

THE ANERICANS (1969)
A Social History of The United States. Por J.C. Furnas.

CALIFORNIAN'S MISSIONS (1950)
Editado por Ralph B. Wright.

LA Civilización EN MÉXICO (1925)
Por Alfonso Toro.

THE WORLD PAST Y PRESENT (1993)
MACMILLAN/McGRAW-HILL SCHOOL PUBLISHING CO.
Autores: James A. Banks, Barry K. Beyer, Gloria Contreras, Jean
    Craven, Gloria Ladson-Billings, Mary S. McFarland y Walter
    C. Parker.